국가재정의 정치경제학

국민이 미래를 선택한다

국가재정의
정치경제학

국민이 미래를 선택한다

오연천 지음

21세기북스

차례

4장 | 정부의 개입과 역할이 적절한가?

5장 | 왜 정부실패 가능성을 용인하고 혁신에 매진해야 하는가?

6장 | 경제적 불균형 완화를 위한 재정의 역할은 어느 수준이 바람직한가?

7장 │ 조세의 정치경제적 역할은 어떤 방향으로 정립되어야 하는가?

8장 │ 예산개혁은 어떤 방향으로 이루어져야 하는가?

9장 | 왜 지방자치가 필요하고 지방재정이 보장되어야 하는가?

10장 | 왜 공기업의 설립이 필요하고 진화가 긴요한가?

1장

이 책을 쓰게 된 동기와 구성체계

01
국가발전에 있어 정부와
시장의 역할에 대한 인식의 변화

교수가 된 1983년부터 정부 활동의 경제적 토대가 되는 재정 현상에 관심을 갖기 시작했다. 학부 전공인 정치학에서 배웠던 권력의 본질, 공무원의 경험에서 얻은 관료제의 역할과 속성, 그리고 박사 과정에서 학습했던 공공경제 현상을 접목하면서 우리나라 재정의 과거를 이해하고, 현재를 진단하며, 미래를 조명하는 작업에 몰두하게 되었다. 국가의 공공경제학적(영미식)·정치경제학적(유럽식) 의미를 토대로, 조세(수입)와 예산(정부지출)의 제도론적 맥락에 초점을 맞추면서 재정부문 의사결정의 본질을 탐색하는 데 강의와 연구력을 모아가게 되었다. 특히 공공부문을 중앙정부에 국한하지 않고 지방정부, 공기업으로 범위를 넓혀 이들 간의 관계와 정치적 의사결정의 양태를 국민경제 전반의 틀 속에서 조명하고자 노력했다.

가. 1970년대 청년 시절: 국가발전에 있어 정부의 주도적 역할(fiscalist) 심취

어린 시절부터 빈곤을 가까이에서 목격해온 후진국 청년으로서 사회의 어려운 문제를 정부가 적극 개입해야 한다는 당위론에 기울어져 있었다. 대학에서의 정치학 학습, 관료제의 일원으로 일한 경험, 그리고 개발도상국(이하 개도국) 청년으로서 국가발전에 대한 염원은 사회의 공동선(共同善)을 달성하는 공공의 역할을 중시하는 정치경제학적 패러다임에 심취하게 만들었다.

'1970년대, 한국'이라는 시간적·공간적 조건은 사회 주도세력이 변화와 발전을 선도(?)해야 한다는 입장을 뒷받침해주는 요소 중 하나였다. 주도세력은 다름 아닌 정치·관료 엘리트라고 믿었다. 이러한 '선도발전론'은 당시 상당수 국민의 지지를 받을 수 있었지만 미래는 불확실했고 갈등과 가치 충돌이 잠복해 있었다. 경제발전에 주력하는 정치적 권위주의가 민주주의와 정의, 형평 등의 가치와 충돌을 겪을 수밖에 없다는 상황이 청년 사회과학도에게 고민을 안겨주었다.

나. 1980년대 초보 교수 시절: 정부와 시장 간 균형적 역할 정립에 대한 관심

국가 운영에 있어서의 정부 역할을 재정의 맥락에서 조명하는 것을 학문적 과업으로 삼은 후, 국가의 역할을 수행하는 수단으로서 바람직한 재정의 위상을 어떻게 설정해야 하는지를 탐색하는 데 많은 시간을 보냈다.

초보 학자로서 서울대에서 4~5년간 학습에 몰입하면서 우리 사회의 보편적 문제를 풀어나가는 데 있어 정부의 역할이 중시되어야 함을 확인하면서도 정부의 역할, 더 나아가 정부와 시장 간 역할 배분의 이론적 모형은 시간의 경과, 그리고 발전단계에 따라 변화하는 동태적 성격을 띤 것임을 알게 되었다.

연구를 시작한 1980년대 전반은 성장을 최우선 목표로 하는 1970년대식 정부 주도의 개발전략이 새로운 전환기를 맞는 시점이었다. 나라 안팎으로 정치적·경제적으로 조정기를 맞으면서 민간과 시장의 역할이 확대되는 추세였고 그에 따라 경제운영 패러다임도 새로운 변화를 맞았다. 민간과 시장의 자율적 역량이 신장되어 가고 있었으나 시장이 국민경제발전을 주도하기에는 아직도 상당한 제약점을 안고 있었다고 판단했다. 그렇다고 해서 정부 주도의 경제 운영방식 또한 더는 국민경제의 발전에 순기능만을 갖는 것은 아니었다. 경제개발을 위한 '일방적 정부 주도와 시장의 순응'이라는 1970년대 개발 프레임은 더는 국가발전의 동인으로 작용하기 어렵다고 보았고 정부와 시장이 '2인 3각'의 유형으로 역할분담을 이루는 패러다임이 전개되는 양상을 목격하게 되었다.

'보다 중요해진 시장과 보다 성숙된 정부'의 합리적 역할 배분과 이의 일관된 실천이 선진경제 진입의 전제조건이었다고 판단했다. 이러한 분업 구도가 더욱 진전되어 1990년대에 이르러 시장의 자율적 역할이 더욱 중시되고, 정부는 시장의 순기능을 촉진하고 역기능을 제어하는 새로운 역할로 옮겨가는 '전환기 후반'의 양상이 뚜렷했다.

다. 2000년대: 시장의 역할 중시와 정부의 역할 변화 재인식

2000년대에 이르러 정부의 '보이는 손'보다 '보이지 않는 손'을 통한 시장의 자원배분이 중시되는 선진국 패러다임에 진입하기 시작했다. 1990년대 후반 외환위기를 극복한 한국경제는 시장의 주체적 역할이 더욱 커지면서 격려자와 규제자 사이에서 균형을 이루는 정부의 역할이 더욱 필요한 시점에 이르렀다.

2010년대 후반, 시장의 자율적 영역이 국민경제발전의 중심축이 되고 정부는 시장의 역할을 진작할 규칙제정자·심판자로서의 역할과 경제적 약자의 지위를 개선함으로써 경제적 불균형을 완화해야 하는 책무가 더욱 긴요한 시점에 이르게 되었다. 이제 정부는 긴박한 안보 상황에 대처하고 통일시대를 열어가면서 경제의 안정적 성장과 양극화 해소를 통한 모범국가 구축에 대한 국민적 기대에 능동적으로 부응해야 한다. 정부의 운영방식에 있어 보다 투명한 조건의 충족이 요구되면서 정치적·경제적 책무는 더욱 무거워지고 있다고 말할 수 있다.

이러한 시점에서 미래의 정부 역할을 어떠한 이념적 맥락하에서 공통목표를 설정하고 추구할 것인가를 논의할 토대가 될 수 있도록 '정부와 재정'의 본질을 재확인하고 앞으로 이루어질 역할의 진화에 대한 이론적·정책론적 고찰에 참고가 되길 희망하면서 이 책을 저술하였다.

02
왜 국민이 재정을
알아야 하는가?

인간은 모두 자신의 일에 관심을 갖는다. 나와 가족, 가까운 사람에 대한 관심은 바로 자신의 생존과 생활, 현재와 미래의 행복에 직결되기 때문이다. 그러나 한 발자국 멀리 떨어지면 관심이 줄어들고 무관심에 빠져든다. 내가 살고 있는 지역사회, 나의 조국, 그리고 지구촌의 중요성은 알고 있으나 구체적 관심은 더디다. 추상적 수준의 관심에 머무르고 마는 경우가 많다.

구체적으로 공동체의 일에 들어서면 적극적으로 관심을 실천하는 사람들이 그렇게 많지 않다. 바로 여기에 함정이 자리 잡고 있다. 지역사회의 일, 나라의 일이 바로 나와 가족의 현재, 미래와 직결되고 있다는 점을 순간 잊을 수 있다. 주권자의 한 사람으로서 응당 관심을 갖고 있어야 알게 되고, 알게 되면 선거 과정에서 당당히 자신의 입장에 근접한 후보를 선택하는 일이 궁극적으로 나와 우리의 일이라는 점을 뚜렷이 인식해야 한다. 국민들의 나랏일에 대한 관심과 인식도가 높을수록 대의제 민주주의가 궁극적으로 공동체의 발전으로 귀결되는 것이라고 생각해야 한다.

국가와 자치단체의 활동에 관심을 갖고 있는 국민, 시민들조차 재정과 관련된 문제에는 손사래를 치는 경우가 많다. 재정을 특별한 전문가들이 다루는 문제라고 속단한 나머지 '우리의 일'을 '전문가의 일'처럼 생각하는 경향마저 떨치기 어렵다.

쉽게 말해서 공동체의 일을 돈으로 표현한 것이 재정이다. 나라살림살이도 가계와 다를 게 없다. 열심히 일해서 수입을 얻어 생활을 꾸리고 미래를 위해 저축하며 보다 행복한 삶을 위해 끊임없이 노력하는 것처럼 나라살림도 국민들이 땀 흘려서 세금을 낸 돈으로 필요한 나라살림살이를 꾸려나가며 국민의 삶의 질 향상에 지속적으로 매진하는 것이다.

가계살림에 익숙한 국민이라면 누구라도 마음만 먹으면 재정을 이해할 수 있다고 생각한다. 나라의 살림살이인 재정을 이해하면서 자신의 주장과 입장에 부합하는 정책을 선택하고 이에 따라 투표권을 행사하는 자세가 젊은 시절부터 익숙해진다면 우리의 민주주의는 한층 성숙할 것이라고 확신한다.

03
이 책의 구성

    초반부에는 '공공경제학의 이론적 논의'를 기반으로 시장과 정부를 두 축으로 설정하여 정부 역할과 재정의 본질을 다루었다. '시장의 실패'를 출발점으로 정부의 개입이 불가피한 영역을 찾으면서 이에 대응하는 정부 활동의 논리적 기초를 서술하였다. 이 책에서는 정부 활동의 토대가 재정이라는 점을 중시하여 다양한 정부 활동을 '재정'의 차원에서 설명하였고, '효율성'과 '형평성'을 공공가치 실현의 기준으로 설정하였다. 정부 활동과 이를 뒷받침하는 재정의 역할에 대한 이론적 배경을 '시장의 효율→시장의 실패→정부의 개입→정부의 실패→정부의 혁신'으로 이어지는 논리적 구도하에서 전개하였다. 이 과정에서 로버트 헤브맨(Robert H. Haveman) 교수의 『공공경제학(*The Economics of the Public Sector*)』에서 제시한 '사회적 편익의 극대화 원칙(principle of maximum social gain)'을 원용하였다.

정부와 재정의 역할에 대한 당위론적 논의를 배경으로, 현존하는 정부의 활동이 국민의 기대에 비추어 적절한지를 판단하는 기준을 소개하면서 '효율적 정부론'의 입장과 '적극적 정부론'의 입장이 내포하고 있는 이념적·정책론적 성격을 소개하였다.

중반부에서는 정부혁신의 당위성을 강조한 후, '사회적 형평'의 이론적 의미를 확인하면서 경제적 불균형 완화를 위한 정부의 역할과 재정정책의 방향을 다루었다. 특히 향후 경제적 양극화 해소를 위한 재정의 역할을 정립하는 데 가장 중요한 변수로 간주되는 조세부담의 특성과 정치적 함의를 담세자인 국민의 시각에서 조명하였다. 아울러 재정개혁의 한 축을 구성하는 예산개혁의 방향을 제시하였다.

후반부에는 정부 활동과 재정의 기능을 광의의 공공부문의 구도에서 다루는 것이 바람직하다고 판단하여, 원활한 지방자치를 뒷받침할 지방재정제도의 핵심논쟁을 분석하고 공기업부문의 국민경제적 역할과 개혁방향을 서술하였다.

04
서술의 특성

　많은 사람이 재정분야를 전문 영역으로 간주, 이해하기 어려운 것으로 생각하는 경향이 있다. 이런 점을 인식하여, 정부 활동의 기반이 되는 재정 작용을 일반인들이 이해하기 쉽도록 설명하기 위해 노력했다.

　독자의 이해를 돕기 위해 노력을 기울이다 보니 현실의 사례나 정책 이슈의 설명이 보편적 이론의 논리적 연속선상에서 다루어지지 못하고, 상당 부분 필자의 주관적 시각이나 선입견에 의존했다는 점을 밝힌다. 이러한 과정에서 발생할 수 있는 논리적 비약이나 극화(dramatization)의 오류는 필자의 과도한 의욕에서 비롯된 것이다.

　필자가 30년간 '행정과 경제분석', '세입론', '공기업론', '정치경제학'을 반복적으로 강의하면서 머릿속에 용해된 공공경제 관련 이론과 정책 현장의 실상에 대한 기억을 재생시키는 노력을 통해 이 책을 완성했다. 기존 이론을 재구성하여 서술하였기 때문에 특정 학자의 논문이나 주장과 거리가 있을 수 있고 구체적 인용이 쉽지 않았다. 관련 문헌과 자료를 확인하지 않고 기억의 재현(revitalization)에 의존한 부분이 많아 서술 중간중간에 일정 수준의 공백이 있을 수 있음을 밝힌다. 참고문헌 작성도 완성의 최종단계에 기억을 되살려 삽입하는 역순을 밟았다. 이 점에서 필자의 서술과 유사한 입장을 제시한 선배·동료 학자들의 넓은 이해를 기대한다.

각 장에서 이론적 배경을 소개하고, 이론적 논의와 연결된 정책론적 쟁점과 국민적 이슈를 도출한 후, 향후 정책방향과 주관적 제언을 강조하는 방식으로 서술하였다. 교수 생활과 재정 현장에 참여했던 경험을 2010년대 후반의 시대정신에 접목하는 시도를 통해 앞으로 정립해야 할 과업을 제시하고자 노력했다.

2장

왜 정부 활동이
필요한가?

01
정부의 본질에 대한
기본 시각

정부의 본질과 역할을 어떻게 설명하는가는 정치학도, 경제학도, 사회학도, 역사학도들의 학문 영역에 따라 접근의 구도가 다를 뿐 아니라 동일 학문 영역 내에서도 이념·시각에 따라 차이의 폭이 크다. 더 나아가서 시대의 흐름에 따라서도 정부의 본질을 설명하는 맥락은 다르게 전개된다. 이런 만큼 정부의 본질을 단일 구도에서 설명하는 것은 결코 용이하지 않고 적절하지도 않다.

일부 정치학도들은 국가를 유기체적 현상에서 형성, 발전되는 것으로 보면서 정부의 존재가치를 공동체의 유지와 확장을 위한 권력의 제도화에서 찾는다. 이 책에서는 이러한 본질적 논의를 다루지 않고 공공경제학적 측면에서 정부의 존재가치와 이에 따른 역할을 설명하고자 한다. 따라서 논의의 일반화를 시도하기는 어렵고 제한된 공공경제학적 시각에서 다루는 데 그치고자 한다.

공동체의 구성원들은 각자의 욕구(desire)에 기초한 수요(demand)를 품고 있다. 이러한 사적 수요는 1차적으로 시장을 통해 충족된다. 수요는 개별적인 차원에서 발생할 수도 있지만 다수의 공통 수요로 나타날 수도 있다. 다수의 공통 수요가 일관되고 지속적으로 나타날 때 '결집된 공공수요(aggregated public demand)'가 발생하게 된다. 이러한 공공수요에 대한 공공적 대응의 필요성은 정부 활동의 이론적 출발점이 된다. 시장을 통해 이러한 공공수요에의 대응이 적절히 이루어지기 어렵기 때문에 집합적 대응의 형태로 정부가 그 역할을 맡는 것이라고 할 수 있다.

요컨대 사적 수요는 '시장의 자원배분'을 통해, 그리고 시장이 해결할 수 없거나 어려운 보편적 공공수요는 '정부의 자원배분'을 통해 국민들이 필요로 하는 욕구를 충족해야 한다. 강제력을 배경으로 세금을 걷고, 세금을 국민의 필요에 부응하여 공적 활동에 배분하는 것이 바로 정부의 역할이라고 정의할 수 있다.

02
시장의 한계,
그리고 정부의 역할

 공공경제학적 시각에서 정부 활동의 이론적 근거는 '시장의 한계'와 시장의 한계를 치유할 '집합적 대응(collective action)'의 필요성에서 찾을 수 있다. 시장의 한계에는 흔히 효율적 자원배분에 이르지 못하는 '시장의 실패'를 중심으로 설명하지만, 이에 그치지 않고 경제정의 실현에 있어 시장의 무력함(inability)과 국민경제의 안정적 성장 추구에 있어 시장기구의 내재적 한계가 포함되어야 한다.

 '시장의 실패' 현상이 존재하기 때문에 정부개입의 근거가 생긴다는 입장의 배경과 출발점에는 '시장의 효율성'이 깔려 있다고 볼 수 있다. 인간이 필요로 하는 재화와 서비스는 바로 시장을 통해서 교환이 이루어지고 "그러한 시장은 일정한 전제조건 아래서 효율적"이라는 가설하에서 출발하는 것이다. 이러한 가설하에서는 시장이 효율적 자원배분에 실패할 때 시장의 실패를 보완, 치유하는 대응 메커니즘이 필요하고 그것이 바로 정부라는 것이다.

　시장의 불완전성을 치유하기 위한 정부개입의 필요성이 대두하고, 이에 대응하는 집합적 메커니즘이 정부의 활동이라는 접근방식은 정부의 존재와 활동을 일목요연하게 설명할 수는 없지만, 분명 설득력 있는 설명의 하나라고 말할 수 있다. 이런 시각에서는 시장이 불완전할수록, 시장의 실패가 뚜렷할수록 정부개입의 정당성은 높아지고 정부의 역할은 중시될 수밖에 없다. 반면 "시장이 완전하고 효율적 자원배분의 규칙에 충실할수록 정부의 역할에 대한 기대는 제한적"이라는 명제를 취하게 된다.

　'시장의 실패'와 '이에 대응한 정부의 개입과 역할'은 분명 현존하는 정부의 존재가치와 정부 활동의 다양성을 설명하는 데 한계가 있다.

　첫째, 시장의 자원배분 결과 발생된 경제적 불평등을 치유할 수 있는 역할은 시장에게는 주어지지 않고, 그러한 역량도 기대할 수 없다. 이와 같은 경제정의 실현을 위한 시장기구의 원천적 한계에 대처하기 위해서는 당연히 시장의 효율성과는 다른 차원의 집합적 대응이 필요하다. 이러한 집합적 대응이 바로 형평성 개념에 기초한 정부개입이라고 할 수 있다.

　둘째, 시장기구의 보이지 않는 손을 통한 자율적 조정의 힘이 국민경제의 안정을 보장하기 어려울 때, 인위적이며 의도적인 개입을 통한 경제의 선순환 유도가 긴요하게 된다. 이런 상황에서 재정정책을 통한 정부개입의 필요성은 시장의 실패로 인한 정부개입으로는 설명되기 어렵다.

셋째, 정부 활동을 규율하는 결정의 본질이 정치적 의사결정을 띠고 있다는 점을 감안하면 '시장의 실패'를 치유하는 장치로서 정부의 활동을 설명하는 데는 분명 한계가 있다. 정치적 결정은 시장의 실패가 야기되지 않더라도, 정부개입의 이론적 필요성이 입증되지 않더라도 광범위한 정부개입을 열어놓고 있다. 이런 점에서, 시장의 실패에 대응한 정부개입의 필요성에 의거하여 현실의 정부 활동을 설명하는 데는 한계가 있다는 점에 유념해야 한다.

이와 같은 한계에도 불구하고 시장의 실패와 정부개입 필요성의 논리는 시장의 의미와 역할을 중시하면서 현대정부의 공공적 역할과 순기능을 밝히는 데 유용한 개념의 틀의 일부를 제공하고 있다. 다만 이러한 한계를 원만하게 극복할 수 있도록 정부 역할을 균형 있게 설계하는 공동체의 노력이 더욱 중요한 과업이라고 할 수 있다.

03
정부의 역할에 대한
인식의 변화

자원배분에 있어 시장과 정부의 역할에 대한 인식은 시대조류와 이념에 따라 변해왔다. 여기서는 이해의 편의를 돕기 위해서 그동안 전개되어왔던 다양한 논의를 고전경제학도의 입장, 케인지안(Keynesian)의 입장, 신자유주의의 주장, 그리고 양극화시대의 조류로 압축하여 살펴보기로 한다.

가. 고전경제학도의 입장: 시장의 효율 중시와 시장의 실패

애덤 스미스(Adam Smith, 1723~1790) 같은 18세기 고전경제학자들은 시장에 의한 자원배분을 기본축으로 설정하면서 시장의 실패를 야기하는 특수한 여건에서 정부의 역할을 설정하는 경향을 보였다. 보이지 않는 손에 의거한 시장의 자원배분이 최상임을 강조하면서 보이는 손, 즉 정부에 의한 개입은 최소한도에 머무르는 것이 바람직하다는 '최소정부론', '소극정부론', '야경국가론'의 입장을 강조했다. 이른바 자유방임적 국가관은 고전경제학도들의 입장과 맥을 함께한다.

이들의 주장이 21세기 정부의 역할을 설명하는 데는 분명 한계가 있지만, 시장과 정부의 역할분담에 관한 고전적 원칙의 의미는 아직도 경청할 가치가 있다. 특히 시장이 추구하는 효율성의 가치에 대해서는 정부의 역할에 대한 기대 변화를 불문하고 자원배분의 원칙에서 불변의 기준의 하나가 되고 있음에 유념해야 할 것이다.

나. 시장의 한계에 대응한 정부의 새로운 역할

20세기에 들어서며 시장의 신뢰를 흔드는 역사적 사건(사회주의혁명, 대공황, 세계대전 등)을 겪으면서 '시장이 할 수 없는 영역'에 대한 새로운 인식의 전환이 이루어졌고, 이러한 영역에서 정부의 역할이 새롭게 정립되어야 한다는 입장이 확산되기에 이르렀다.

20세기 초 전대미문의 세계경제공황을 겪으면서 시장의 자율적 힘으로 시장에 내재한 순환적 파동을 극복할 수 없다는 문제인식이 싹트게 되었고, 시장의 순환적 한계를 치유할 정부의 인위적 역할이 긴요하다는 점에 공감대가 형성되었다. 시장경제에 내재된 만성적 불황(만성적 총수요 부족) 또는 경제공황을 타개할 공공지출의 필요성(예: 미국의 뉴딜정책)이 인식되면서 시장의 기능 회복과 경제안정을 위한 정부의 개입이 필수적 재정정책의 수단으로 간주되는 새로운 정부개입의 틀이 형성되었다.

이러한 정부의 새로운 역할과 더불어 경제적 불평등을 완화·해소함에 정부의 적극 개입이 필요하다는 사회적 공감대가 형성되기에 이르렀다. 사회적 형평을 증진하기 위해 정부가 적극적으로 노력하면서 기존 조세제도와 지출구조가 변화하게 되었다. 러시아의 사회주의혁명과 소련의 출범은 경제적 불균형을 완화함에 있어 정부의 역할이 불가피함을 각성시키는 세계사적 전환점이 된 것이다.

세계대공황, 세계대전, 사회주의혁명 등 역사적 전환기를 거치면서 '최소정부론', '소극정부론'의 의미는 주춤하고, 국민경제안정과 복지지출 확대에 초점을 둔 '적극적 정부론'이 주류를 이루게 되면서 재정규모의 팽창과 재정구조의 변화가 촉진되었다.

다. 비대해진 정부, 재정에 대한 자성

20세기 후반, 구미 여러 나라의 신자유주의 학도를 중심으로 광범위한 정부개입과 비대화된 재정운영이 오히려 시장의 효율적 자원배분을 제약하고 국민경제의 발전을 제약한다는 문제의식이 싹트기 시작하면서, 팽창된 공공부문 활동에 대한 재평가와 혁신 운동이 전개되는 양상을 볼 수 있었다. 효율적인 정부를 지향하고 추가적 조세부담을 반대하는 공급중시 경제학도(supply side economics)의 목소리가 이러한 조류를 반영하는 움직임의 하나였다. 20세기 후반과 21세기 초, 미국의 로널드 레이건(Ronald Wilson Reagan, 1911~2004) 대통령의 등장으로 주목을 받게 된 레이거노믹스(Reaganomics)나

[그림 01] 시장과 정부의 역할 중시에 대한 인식의 변화

애덤 스미스 등 고전학파	:	시장	>	정부
케인지안	:	시장	<	정부
신자유주의	:	시장	>	정부
양극화시대(2010년 이후)	:	시장	?	정부

영국 마가렛 대처(Margaret Hilda Thatcher, 1925~2013) 보수당정부
의 장기집권은 이러한 운동의 정치적 전환점이 되었다.

라. 양극화 속의 시장·정부 시스템에 대한 불신: 불확실성의 증폭

2000년대에 들어서 세계경제의 장기침체와 더불어 주요 국가의
성장 속도가 둔화하고 경제적 양극화가 심화되면서 기존의 시장·정
부 시스템에 대한 불만·비판의 목소리가 세계 도처에서 흘러나오고
있다. 시장에서의 자유경쟁을 통해 부를 축적한 소수의 경제적 여
유 계층에 대한 분노 앞에서 '시장의 경쟁과 효율'이라는 고전적 메
시지가 자리 잡을 영역은 좁아지고 있다. 사회의 경제적 불평등과
미래의 불확실성을 개선, 치유해야 할 정부에 대한 역할기대는 그렇
게 견고하지 않은 양상을 보이고 있다.

이와 같이 기존 권위에 대한 신뢰의 토대가 잠식되면서 시장과 정
부 간의 균형적 역할 배분에도 급속한 변화를 맞고 있음을 부인할
수 없다. 그렇다면 앞으로 우리의 좌표는 어디에 있는지, 어떤 방향
으로 정부의 역할과 재정의 기능을 정립할 것인지 시급히 모색해야

할 시점이다. 아마도 2017년의 대통령 선거 과정을 겪고 새로운 행정부가 출범하면서 이러한 근원적 문제가 국가경영의 핵심과제로 논의되고, 공감대가 형성되면서 바람직한 방향으로 국민적 선택이 이루어질 것을 기대한다.

04
정부개입의 근거:
시장의 실패

　정부 활동이 이루어지는 이론적 근거로서 가장 많이 원용되는 개념이 '시장의 실패(market failure)'이다. '보이지 않는 손, 가격기구에 의한 자원배분이 효율적'임을 전제에 두고, 시장이 효율적이지 못한 상황에 처할 때 집합적 대응의 주체로서 정부의 개입과 활동이 필요하다는 것이다. 이 논리는 정부의 개입을 경제적 측면에서 정당화하는 데는 설명력이 높지만 정치적 존재로서의 정부의 활동을 충분히 설명하지 못하는 한계는 분명하다. 그럼에도 시장의 실패가 정부 개입의 이론적 근거로 가장 많이 인용되는 것은 시장경제 체제에서 시장의 가치와 정부의 개입을 통해 효율적 자원배분을 도모해야 한다는 명제를 대체할 수 있는 이론적 구도가 뚜렷이 정립되어 있지 않기 때문이다.

　'시장의 실패' 범위를 미시경제학적 차원에서 좁게 잡으면 실존하는 정부의 역할을 설명하는 데 한계가 있다. 따라서 시장의 불완전성을 광범위하게 설정함으로써 실제 이루어지고 있는 정부 활동의 논리적 근거를 보강하는 것이 '시장의 실패' 개념의 한계를 보완할 수 있다. 이런 점에서 전통적 미시경제학적 차원의 '시장 기능상의 실패'에 국한하지 않고 '이념상의 시장의 한계', '경제순환에 있어 시장의 한계' 등 폭넓게 시장기구의 한계를 인식하고 정부개입의 불가피성을 설명하는 것이 현실의 정부 역할을 설명하는 데 긴요하다.

이 절에서는 공공재, 외부성, 규모의 경제 등 주요 '시장의 실패' 개념을 중심으로 서술하고 시장의 거시적·순환적 불완전성과 이념적 한계를 언급하고자 한다.

가. 공공재

A. 공공재의 존재—비경합성과 비배제성

공공재적 현상이 존재한다는 사실은 시장기구에 의한 자원배분이 실패할 수밖에 없는 영역이 있음을 말해주며, 이는 자연스럽게 정부가 공공재공급의 책임을 갖게 됨을 의미한다. 만일 국방 서비스가 개인이 부담하는 비용에 의해 제공된다면 대부분이 무임승차를 기대하고 있는 상황을 상상할 수 있고, 이렇게 되면 국방비의 조달은 어렵게 되어 국방 서비스는 원만하게 이루어질 수 없음은 자명하다. 이런 경우, 강제력에 의거하여 재원과 인력을 조달하고 공동체 불변의 공통의 목표에 매진하는 공적 시스템을 구축해야 한다.

흔히 재화 및 서비스는 경합성과 배제성을 기준으로 [그림 02]에

[그림 02] 비경합성과 비배제성에 따른 재화 및 서비스의 유형 분류

구분		경합성	
		비경합적	경합적
배제성	비배제적	A(순수공공재)	B(공유재)
	배제적	C(요금제)	D(사적재)

표시된 바와 같이 4개의 유형으로 구분된다. 소비가 경합적이고, 소비의 배제가 용이한 것을 사적재(private goods, D)로 정의한다면 소비가 비경합적이고, 소비의 배제가 어려운 비배제적 특성을 지닌 것을 공공재(public goods, A)로 정의할 수 있다. 국방을 예로 들면, 국방 서비스는 국민 한 사람이 소비한다고 하여 다른 사람의 소비에 영향을 주지 않을 뿐 아니라(비경합성) 어떤 한 사람을 국방 서비스의 혜택으로부터 배제할 수 없으므로(비배제성) 전형적인 비경합·비배제적 서비스로 분류할 수 있다.

음식점의 점심은 가격을 지불하지 않으면 점심 서비스를 받지 못하는 배제적 성격을 띠고 있으면서, 어떤 사람의 이용이 다른 사람의 이용에 영향을 주는 경합적 성격을 갖고 있어 전형적인 사적재 영역에 속한다.

한편 보건소의 경우, 사람들이 많이 찾을 때는 순서를 기다려야 하고, 지나치게 혼잡하면 다음 날 방문해야만 공공 서비스의 혜택을 받을 수 있다는 점에서 경합적 서비스로 분류된다. 그러나 비용을 분담하느냐 여부에 따라 무료인 경우 비배제적 서비스에 해당되지만, 일정 비용분담을 해야 한다면 배제적 서비스의 성격도 배제할 수 없다. 이런 형태의 서비스는 사적재와 순수공공재의 중간 영

역에 해당된다고 말할 수 있다.

B. 순수공공재와 준공공재, 지방공공재

소비의 비경합성과 비배제성의 특성을 전형적으로 갖고 있는 재화 및 서비스를 순수공공재로 설명하지만, 실제 정부가 제공하는 재화 및 서비스를 비경합성과 비배제성 개념을 공통으로 지니고 있는 공공재로만 설명하기는 어렵다. 많은 시민들은 정부, 자치단체, 심지어 공기업이 제공하는 서비스를 '공공재'로 이해하는 경향이 있다.

이러한 공공재 개념의 다의성을 고려하여, 소비가 경합적이고 배제적인 전형적인 사적재(D)를 제외한 나머지 부분을 순수공공재, 준공공재 영역으로 구분한다. 비경합성, 비배제성의 특성을 고루 갖춘 재화 및 서비스를 '순수공공재(A)'로 정의한다면, 다소 경합적이거나 일정 수준 배제적인 서비스라도 비경합적, 비배제적 요소를 포함하고 있다면 준공공재(quasi-public goods) 영역(B, C)으로 분류한다. 준공공재 범주에 포함되는 전형적인 재화 및 서비스의 유형으로는 공유재와 요금재가 있다.

공공재는 중앙정부가 제공하는 공공재(국가공공재)와 지방정부가 제공하는 공공재(지방공공재)로 구분할 수 있다. 상대적 관점에서 외교·국방 등 중앙정부의 공공재는 순수공공재 영역으로 분류되고, 지방정부의 서비스는 일부 국가위임사업을 제외하고는 많은 경우 준공공재 영역을 포함하고 있다. 현대 지방정부의 영역으로 점차 확산되고 있는 가치재(merit goods), 클럽재(club goods) 등은 준공공재 영역 또는 사적재적 요소가 포함되어 있지만 지방정부의 활동 영역에 포함되는 경향을 보이고 있다.

C. 공공재 성격의 다양성: 준공공재공급의 책임은?

정부는 순수공공재, 준공공재 영역에서 다양한 활동을 전개하고 있다. 국방, 통화공급, 기초교육, 장기국토개발계획 등 전 국민에게 혜택이 고르게 돌아가는 공공 서비스부터 시영버스, 직업교육, 최저소득층의 임대주택, 지역개발 등 특정 국민들에게 혜택이 돌아가는 공공 서비스 등 그 범위가 다양하고 각기 공공재적 특성에 차이가 있다.

순수공공재 영역에 대한 정부의 책임은 정치이념과 시대정신의 변화에 따라 영향을 받지 않지만, 준공공재 영역은 '정부개입의 당위성'에 대한 의견의 일치를 보기 어렵다. 예를 들면, 시장의 효율적 자원배분을 중시하는 사람들은 준공공재 영역에서의 정부의 책임은 최소화되어야 한다는 입장을 취한다. 준공공재 영역은 전적으로 세금에 의존하지 않고 상당 부분 이용자의 부담과 결부되어 서비스를 제공한다는 점에서 가격에 의한 자원배분이 해당 서비스의 효율적 공급에 부합하고, 정부는 당연히 해야 할 순수공공재 영역에서 최신을 다하는 것이 옳다고 본다. 이러한 주장을 편 대표 학자 중 하나인 미국의 밀턴 프리드먼(Milton Friedman, 1912~2006) 교수는 "정부는 시장의 실패가 명백한 영역에서만 활동이 정당화될 수 있고, 시장에 의한 자원배분이 가능한 서비스는 시장의 효율적 자원배분을 통해 수급이 결정되어야 한다"는 입장을 펼치면서 비효율적 정부개입의 배제를 강조했다. 이른바 '작은 정부론', '최소정부론'

의 주창자들이 대체로 이런 입장에서 불필요한 정부 활동의 혁파를 주장한다.[1]

반면 미국의 존 K. 갤브레이스(John Kenneth Galbraith, 1908~2006) 교수를 중심으로 한 진보적 학자들은 사회적 개입이 필요로 하는 영역에서 정부의 역할이 적절히 이루어짐으로써 시장과 정부 간의 자원배분의 균형이 실현될 때 가치 있는 사회 실현에 다가설 수 있다는 입장을 폈다.

두 입장 중에서 어느 것이 설득력 있는지를 판단하는 것은 결코 쉽지 않다. 시장의 경쟁과 효율을 중시함으로써 사회의 총 산출이 증대되고 성장으로 귀결되는 것이 시장경제 체제의 성과라는 점은 부인할 수 없는 사실이다. 그러나 시장이 할 수 없는 일을 정부가 최후의 보루로 책임을 짐으로써 공동체의 삶의 질을 향상시켜야 된다는 입장 역시 현대국가의 기능을 설명하는 데 주목해야 할 입장이다. 현실의 국민경제는 바로 이 두 시각이 적절히 배합되어 운영되고 있음에 유념해야 한다. 다만 시대정신이 어떤 시각에 초점을 두느냐, 그리고 국민들이 어떤 시각을 선택하느냐에 따라 정책방향의 향배가 결정된다.

---

1 Milton Friedman, *The Role of Government in a Free Society* in Edmund S. Phelps(ed.), Private Wants and Public Needs, Revised Ed., W. W. Norton & Company, Inc., 1965.

나. 외부성(externality, spillover effect)

A. 외부성의 개념과 정부개입의 근거

시장의 실패를 구성하는 여러 개념 중에서 정부의 개입, 특히 재정 활동을 설명하는 데 유용한 개념의 하나로 외부효과를 들 수 있다. 외부성은 시장의 교환 과정에 참여하지 않은 제3자에게 의도하지 않은 혜택이나 손해를 주면서 이에 대한 대가나 비용이 지불되지 않는 현상을 말한다. 즉, 어떤 경제주체의 행동(소비, 생산)이 직접적인 귀속사유 없이 시장교환 과정에 참여하고 있지 않은 다른 경제주체에게 유리하게 또는 불리하게 작용하는 현상을 말한다.

외부성은 경제주체에게 이익을 안겨주는 외부경제와 비용(또는 손실)을 안겨주는 외부불경제로 구분할 수 있다. 가격기구와 무관하게 초래된다는 측면에서 비가격효과 또는 누출효과(spillover effect)로도 불린다.

꿀벌농장 주인이 주변의 식물에 피는 꽃으로 인해 혜택(꿀의 생산 증가)을 보게 되는 일(외부경제)이나 자신과는 무관한 차량 공해배출로 인해 나쁜 배기가스를 마시게 되는 상황(외부불경제)이 우리가 일상생활에서 관찰할 수 있는 외부효과 현상의 예이다.

시장의 교환 과정이 적용될 수 없는 외부성의 존재는 가격에 의한 시장기구의 자발적 조정을 제약한다는 점에서 시장이 지향하는 효율적 자원배분을 변화시킨다. 그렇기 때문에 외부효과로 인해 야기될 수 있는 비효율적 자원배분을 치유해야 한다는 명제가 성립하고 비효율 개선을 위한 정부개입의 논거가 마련되는 것이다.

외부성이 존재함으로써 야기되는 시장의 실패에 대응하는 방안은 크게 나누어, 외부경제가 발생하는 현상을 격려하거나 조장 (encourage)하는 것이고 반대로 외부불경제의 현상에 대해서는 억제(discourage)하는 것으로 집약할 수 있다. 외부경제에 대한 촉진과 외부불경제에 대한 억제를 통해 시장의 효율에 접근하도록 하는 것이 정부개입의 이론적 토대라고 말할 수 있다.

B. 외부경제 존재 시 정부의 역할: 독려·촉진(encouraging)

사회적 편익이 개인적 편익과 외부적 편익으로 구성된다고 할 때, 외부효과(외부적 편익)가 존재하지 않으면 한 개인이 얻게 되는 개인적 편익이 바로 사회적 편익과 동일하고 경제주체의 행동은 이에 의거하여 이루어진다.

그러나 외부경제(외부적 편익)가 존재할 때, 외부적 편익을 고려하지 않은 채 개인의 편익에 의거한 개별 경제주체의 행동이 이루어진다면 외부경제가 존재하는 서비스가 사회적 편익에 상응하는 의사결정에 이르게 되지 않아 과소소비 상태에 머물게 된다.

초등교육을 예로 들면, 학부모가 자신의 자녀로 하여금 초등교육을 받도록 하는 것은 기본적으로 자녀 개인의 기초역량을 키운다는 점에서 개인의 편익에 귀속되지만, 이에 그치지 않고 문자해독, 시민의식 배양 등 민주시민으로서의 기본 소양을 갖추게 한다는 측면에서 분명 개인적 편익을 능가하는 사회적 편익이 창출된다. 그런데 초등교육이 시장기구에서 이루어진다면 외부적 편익을 고려하지 않는 개인적 편익에 의거하여 교육 서비스를 받을지의 여부가 선택될 수 있다. 만일 어떤 집안의 자녀들이 경제적 어려움을 이유로 초등교육을 포기한다면, 당연히 존재해야 하는 사회적 편익은 감소하게 된다. 따라서 초등교육같이 높은 수준의 외부성이 존재하는 경우 선호나 여건과 무관하게 교육을 강제하는 의무교육의 형태가 존재해야 하는 것이다. 이러한 의무 시스템의 구축은 바로 해당 서비스가 창출하는 높은 외부성과 이로 인한 사회적 편익의 존재에 기인한다고 볼 수 있다.

외부경제가 존재하는 서비스의 경우, 외부경제가 존재하는 만큼 그 활동을 독려(encourage)하는 것이 정부의 역할이고 그 역할의 상당 부분이 재정 작용을 통해 실행되는 것이다. 정부가 공급의 책임을 맡는 대부분의 공공재는 일정 수준의 외부경제 현상을 내포하고 있다. 순수공공재, 준공공재 등 공공재의 구분도 사실상 외부경제의 강도가 주요 기준의 하나로 간주된다고 볼 수 있다.

C. 외부불경제와 정부의 역할: 억제(discouraging)

외부불경제가 존재하는 현상의 경우, 교환 과정에서 인과관계가 없는 경제주체가 부담해야 하는 비용이 발생하게 되는데, 이를 외부적 비용으로 일컫는다. 생산자는 개인적 비용을 기준으로 경제활동에 임할 뿐 외부적 비용을 고려하지 않음으로써 비효율적 자원배분이 노정될 수밖에 없다. 그러한 외부적 비용은 특별 대책을 마련하지 않는 한 비용발생과 인과관계가 없는 경제주체가 궁극적으로 감당해야 하는 상황에 이르게 된다. 이러한 외부불경제 현상이 초래될 때, 정부의 역할은 외부불경제의 발생을 방지·억제하거나 그 비용을 외부불경제를 창출하는 경제주체의 생산결정에 내부화시키도록 규제(regulation)하는 것이다.

외부불경제 현상의 쉬운 예로 공장의 생산 과정에서 발생하는 공해배출을 들 수 있다. 기업이 공해배출을 생산비용으로 고려하지 않는다면 외부적 비용이 발생한다. 정부의 특별한 대응이 없는 한 그러한 외부불경제 현상은 사회적 비용의 관점에서 과잉공급될 수 있다는 문제를 안게 된다. 이럴 경우, 정부는 공해배출을 규제하거나 공해배출이라는 외부불경제 발생에 '공해배출세'를 부과함으로써 외부적 비용발생을 금지·감소시키려는 노력을 기울여야 한다.

상점의 돌출간판은 상점주 입장에서는 손님을 끌기 위해 자기비용에 의거한 당연한 선택일 수 있다. 그러나 그 돌출광고가 도시 미관을 현저히 해치거나 보행자의 안전을 저해하는 비용을 고려하지 않은 채 만들어졌다면 분명 외부불경제에 해당하는 외부적 비용을 안겨준다. 상점주로 하여금 그러한 외부적 비용 초래를 막도록 하려면 상점 돌출광고에 부과금을 물려 외부적 비용을 감수하도록 유도하거나 위험도가 높은 광고 간판을 아예 강제 철거하는 방법밖에 없다.

이러한 정부의 개입을 통해 사회적으로 바람직하지 않은 외부적 비용발생을 치유함으로써 효율적 자원배분을 도모하는 것이 정부 역할의 근거라고 볼 수 있다.

D. 외부효과에 대응한 다양한 개입 형태

정부는 외부효과의 발생에 직면하여 외부경제의 경우 사회적으로 바람직한 수준으로 유도·독려하고, 외부불경제의 경우 과잉생산을 사회적 통념에 맞게 제어·규율하는 책무를 안고 있다. 외부효과에 대응한 정부의 개입방식은 다양하지만 적절한 개입방식을 선택할 때 외부효과가 내포하는 비효율적 자원배분을 치유·개선할 수 있다.[2]

a. 직접개입: 인수방식(take-over)

가장 적극적인 방법으로서 외부경제가 발생하는 서비스에 대해 정부가 인수(take-over)하는 직접개입방식을 생각할 수 있다. 외부경제가 매우 높은 서비스는 정부가 공급의 주체가 되어 사회적으로 바람직한 수준의 산출을 보장하는 것이다. 초등교육 등의 공공 서비스가 이러한 유형에 해당된다.

정부가 공기업 같은 별도의 공공기관을 설립하여 외부경제가 현저한 서비스를 직접 제공하는 방식도 생각할 수 있다. 저소득층에 대한 임대주택, 중소기업에 대한 수출정보 제공, 한계소득계층에 대한 직업교육 등은 시장기구를 통해서는 사회적으로 바람직한 수준의 공급에 미달하기 때문에 정부가 공기업을 설립하여 공급을 촉진, 사회적 수요에 부응하는 적정공급(optimal output)을 유도하는 것이다.

---

2 Robert H. Haveman, *The Economics of the Public Sector*, John Wiley & Sons, Inc., 1976, pp. 38~40.

b. 입법·행정규제

입법·행정규제를 통해 외부불경제에 대해 엄한 금지를, 외부경제에 대해서는 엄격한 실천(예: 초등학생의 의무교육)을 강제하는 것이다. 대기오염 방출량의 허용기준을 정하고, 기업 등 경제주체로 하여금 이러한 규칙을 준수토록 법령을 통해 규제하는 것도 이러한 유형의 정부개입에 해당된다. 이러한 규제는 외부경제와 관련되어 활용될 수도 있지만(예: 의무교육과 관련 보호자의 의무 강제, 의료보험 가입자에 대한 검진 의무화 등) 대부분 외부불경제에 대응하는 방식이다. 이러한 유형의 개입은 흡연규제, 공장의 폐기물 배출규제, 자동차 배기가스에 대한 규제, 통신사업자에 대한 규제 등 산업화·정보화가 진전되면서 다양하게 확산되고 있다.

법적 규제는 효과가 분명하지만 경직적 측면이 있다는 문제를 안고 있다. 외부불경제에 대응한 법적 규제방식의 광범위한 활용은 시장의 실패를 치유하고 자원배분의 효율을 기하기 위해 출발하였지만, 일정한 기간이 경과하면서 기술의 진화, 사회의식의 변화를 따라가지 못해 '경직된 규제의 틀'에서 벗어나지 못할 수 있다. 시장의 실패를 치유함으로써 효율적 자원배분을 도모하려던 정부개입이 누적되면서 오히려 시장의 효율을 제약하는 요소로 작용할 수 있다는 점을 간과해서는 안 된다. 규제개혁이 정치적 이슈로 자주 대두하는 것도 이러한 경직적 개입의 누적과 무관하지 않다. 그런 만큼 외부효과에 대응한 법적 규제의 제도화는 경제적 여건 변화에 순응하는 유연한 방식의 설계가 필요하다.

c. 재정수단을 통한 조정방식

외부효과로 인한 시장의 불완전성을 치유하기 위해 정부가 재정수단(조세, 보조금 등)을 활용하는 방식을 생각할 수 있다. 조세부과를 통해 외부불경제의 비용을 거두어들이고, 외부경제를 촉진하는 방법의 일환으로 외부경제가 창출되는 활동에 대한 보조금 지급 등이 그러한 방식을 대표하고 있다.

첫째, 정부는 조세·부과금 등의 재정정책수단을 통해 경제주체가 고려하지 않는 외부불경제 현상에 따른 외부적 비용(neglected costs)을 경제주체의 사적 비용에 내부화(internalize)시키는 시스템을 활용할 수 있다. 궁극적으로 경제주체가 사적 비용이 아닌 총 사회적 비용에 의거하여 결정하도록 유도하는 것이다. 조세·부과금 등의 재원을 외부불경제 현상을 개선하기 위한 재원으로 활용할 수 있음은 물론이다.

둘째, 외부경제가 창출될 수 있는 서비스에 대해 정부가 다양한 보조금(subsidy)을 지급하여 그러한 활동을 독려할 수 있다. 외부경제가 발생하는 영역을 시장기구의 자율적 선택에 방관할 경우, 사회적으로 필요한 수준의 산출에 미달할 수 있다는 점에서 시장기구의 교환 과정에 반영되지 않는 외부적 편익에 상응하는 만큼 보조금을 지급함으로써 사회적으로 바람직한 수준의 활동에 접근토록 하는 것이다. 이러한 보조금이 없다면 시장기구를 통한 공급이 적절한 수준에 미달할 수밖에 없는 상태를 개선하는 재정정책수단이라고 할 수 있다. 청년실업을 해소하는 방안의 하나로써, 담당기관이나 해당 취업 희망자에게 취업을 장려하는 보조금을 지급하는 것도 이러한 예의 하나이다.

외부불경제에 대응한 조세의 부과나 외부경제를 촉진하는 재정 보조금은 외부효과가 발생하는 현상을 기준으로 직접 부과·지급되어야 외부효과를 치유하는 정책목표에 접근할 수 있다. 예를 들면 외부불경제 발생과 관련하여 이루어지는 가칭 '공해세'의 부과가 기업의 이윤을 과세기초로 삼으면 공해배출을 줄이려는 효과는 반감되기 때문에, 과세기초를 공해배출량에 두어야 외부경제 발생을 규율하는 정책효과를 거둘 수 있다. 농촌의 특정 작물에 대한 보조금은 특정작물의 재배면적에 지급기준을 정해야 보조금을 통한 생산 증대 효과가 거양될 수 있다. 만일 보조금 지급기준이 농가소득 등 다른 요소에 의해 책정된다면, 외부경제의 촉진효과는 낮아질 수밖에 없음에 유념해야 한다.

d. 설득과 지도(persuasion)

가장 유연한 대응의 하나로 간접적 개입의 형태를 생각할 수 있다. 정부가 외부불경제 현상의 발생을 줄이거나 막기 위해서, 또는 외부경제 현상을 진작하기 위해 설득, 독려·지도하는 것이다. 법규적 규제가 안고 있는 경직성을 완화하기 위해 이러한 방식을 활용하는 것도 외부효과에 대응한 개입수단의 하나로 간주된다. 과거 보건소의 가족계획 권장, 최근 지자체의 출산 독려, 대도시 도심부에 위치한 공장의 이전 권고, 예방주사 접종 독려 등 경제주체의 자율적 협력을 유도하는 방식이다.

행정지도는 법규적 규제에 비해 강제력이 수반되지 않아 개입효

[그림 03] 외부효과의 구분에 따른 정부의 역할

현상	외부경제	외부불경제
시장의 실패 요인	외부적 편익의 존재	외부적 비용의 존재
경제주체의 행태	과소소비	과잉소비
정부의 역할	촉진·진작	내부화 억제·규율
궁극적 목표	적정 산출 유도	

↓

효율적 자원배분

과가 미약할 수 있다는 취약점을 안고 있지만 경제주체의 자발적 협조를 기대할 수 있고 괄목할 만한 개입비용이 수반되지 않는다는 점에서 적극 활용될 가치가 있다. 무엇보다도 유연성을 확보하고 시장의 순응적 노력을 독려함으로써 정부개입에 따른 사회적 비용을 완화할 수 있다.

e. 예산을 통한 재정지출

정부예산에 의거한 재정지출을 통해 외부효과에 대응하는 방식도 정부개입의 수단으로 간주된다. 공장밀집지대에 시(市) 정부가 조경 프로그램(beatification program)을 실시하여 쾌적한 환경을 조성하는 것도 이러한 형태의 대응방식이라고 할 수 있다. 정부가 지급하는 각종 보조금도 사실상 재정지출의 형태를 띠고 있다. 재정융자방식을 통해 외부경제가 창출되는 활동에 대해 장기 융자를 공여하는 것도 넓은 의미의 재정지출 영역에 포함된다.

재정지출 형태의 개입방식은 회계연도 기준으로 이루어져 한시적 성격을 띠고 있어 외부효과에 대응한 제도화 단계에 이르지 못하는 한계가 있지만, 탄력적으로 대응할 수 있는 방식이어서 경직화된 정부개입을 배제할 수 있다는 점에서 그 장점이 부각될 수 있다. 외부효과에 대응한 재정지출에 효과가 없음이 판명되면 즉각 예산을 삭감하여 개입을 중단할 수 있기 때문이다.

다. 규모의 경제

현실세계에서는 '규모의 경제' 현상이 존재한다. 규모의 경제가 작용하는 한 평균생산비용은 감소하게 되는 시장의 실패가 초래된다. 특히 어떤 기업의 평균비용이 시장수요곡선에 다다르는 지점까지 감소할 경우, 자연독점으로 불리는 상황이 전개된다.[3] 쉽게 설명하면 자연독점은 서비스를 공급하기 위한 초기 구축비용이 많이 소요되는 사업의 경우 발생한다. 전기, 수도, 지하철 등 이른바 네트워크 서비스는 초기에 과도한 네트워크 구축비용이 소요될 수밖에 없다. 이러한 여건하에서 다수의 기업이 경쟁적으로 시장에 참여할 수 없음은 분명하다.

따라서 정부는 서비스를 직접 공급하거나 규제를 통해 규율함으로써 시장의 비효율에 대응할 필요가 있고, 이 점이 바로 정부개입의 근거가 된다. 전기, 수도, 지하철 등 네트워크 서비스 분야에서 공기업의 형태로 정부개입이 이루어지고 있다. 공기업은 초기에 재

---

3 Richard W. Tresch, 최광 외 옮김, 『공공경제학』, 박영사, 2010, pp.32~35.

정을 통해 대형투자가 소요되는 네트워크를 구축한 후에는 낮은 가격으로 편익을 제공할 수 있다는 점에서 공기업 활동의 정당성이 부여된다. 그러한 서비스가 높은 사회적 편익을 창출할수록 정부를 통한 집합적 대응의 의미는 높아진다.

시장의 역량이 괄목할 만하게 형성되지 못한 개도국의 경우, 규모의 경제가 작용하는 서비스의 초기 기반시설 구축은 정부의 중심적 역할이 불가피하다. 이런 이유로 개도국의 주요 사회기반시설이 공적소유 형태로 운영되고 있는 사례를 관찰할 수 있다. 그러나 개도국의 경제발전이 진전되면서 이른바 전환기(transformation period)를 맞게 될 때, 국영기업의 민영화 이슈가 자연스럽게 대두한다.

05
시장의 순환적 불완전성과
자율적 조정의 한계

가. 경제대공황을 계기로 시장기구의 불완전성 인식

자본주의 체제가 고도화되면서 시장경제의 순환적 특성으로 인한 국민경제의 침체·불황 등 불안정한 양태가 빈번히 발생하게 되었다. 고전경제학도들은 시장의 효율적 자원배분이 이루어질 수 있는 미시적 조건과 이를 충족하지 못하는 시장의 실패, 그리고 시장의 실패를 치유하는 이론 형성에 주력하지만 국민경제의 총합적 측면에서 본 거시적 문제에는 착안하지 못했다. 고전경제학도들이 심각한 것으로 예견하지 못했던 호황, 불황, 공황 등 시장경제가 스스로 치유할 수 없는 경제 활동의 파동과 불안정에 직면하면서 이를 치유해야 할 정부(재정)의 순기능적 역할이 모색되기에 이르렀다.

1929년 발생하여 10년간 세계경제를 마비상태로 만든 경제대공황은 만성적 과잉생산의 누적을 해결할 유효수요를 창출하지 못해 대량실업, 생산격감, 물가폭락으로 이어진 세기사적 재앙이었다. 대공황의 발생은 국민경제의 선순환을 위해 정부의 총수요관리가 중요한 정책수단임을 인식하게 되는 계기가 되었다.

나. 정부지출(G) 통한 유효수요의 조정

국민소득(Y)=소비(C)+투자(I)+정부지출(G)로 구성되는 국민소득 결정에서 G(정부지출)의 중요성은 흔히 케인지안으로 대표되는 재정론자들의 거시국민소득 이론을 통하여 일반화되었다. 민간소비(C)와 민간투자(I)의 부진은 정부지출(G)의 증대를 통해 보완하고, 민간소비와 민간투자의 과열은 정부지출(G)의 감소를 통해 조율함으로써 과열기에는 인플레이션 갭(inflation gap)을 줄이고 불황기에는 디플레이션 갭(deflation gap)을 보강하는 것이다. 특히 심각한 경기불황을 극복하기 위해 정부가 경제주체의 조세부담을 줄여 경기활성화를 촉진하고 광범위한 국채 발행을 통해 세수입 감소를 보충하며 의도적 공공지출을 확대함으로써 유효수요 창출을 주도하는 것이다. 미국 프랭클린 루스벨트(Franklin Delano Roosevelt, 1882~1945) 대통령의 뉴딜(New Deal)정책이 이러한 적극적 재정정책의 성공사례로 꼽히고 있다.

이와 같은 거시경제학적 측면에서 G로 표현되는 재정의 역할은 이제 국민경제의 선순환과 거시적 안정을 위한 주요 정책수단의 하나로 간주된다. 경제규모가 급속히 확대되고 경제구조가 복잡해진

2000년대에 이르러 '적극적 재정정책'이 국민경제의 안정에 미치는 효과에 대해서는 긍정론·한계론이 공존하고 있지만, 여전히 정부의 재정정책수립에 있어 핵심변수로 논의되고 있다.

다. 경제성장과 재정의 역할에 대한 논의

정부는 경제의 안정을 도모해야 할 책무 못지않게 경제성장에 주력해야 한다는 당위론에서 벗어나기 어렵다. 그러나 고전적 시장이론에서는 경제성장 과정에서 시장의 한계를 인정하고 성장을 선도함에 있어 정부의 역할이 불가피하다는 이론적 구도를 찾기 어렵다. 이러한 사실은 정부가 경제성장을 주도해야 한다는 명제가 시장의 실패를 토대로 한 정부 역할 범주에 익숙하지 않음을 의미한다. 그럼에도 정부의 역할을 국민경제의 안정에 국한하지 않고 중장기적 관점에서 성장까지 포함하는 것에 대한 인식은 일반화되어가고 있다. 이러한 필요성은 개도국에 있어 더없이 중요한 전략적 의미를 지닌다. 시장의 자생력이 취약하고 사회적 인프라가 형성되지 못한 개도국의 경우, 시장의 취약성을 보완할 수 있는 유일한 대안인 정부의 주도적 역할이 긴요할 수밖에 없기 때문이다. 이런 측면에서 경제성장을 염원하는 다수 개도국에 있어서 경제안정 못지않게 경제성장을 견인하는 정부의 역할이 지속적으로 조명되어야 한다.

06
경제정의와 시장기구의
이념적 한계

가. 시장에서 형성된 불평등 개선의 당위성?

전통적 시장실패이론에 입각하여 정부개입의 당위성을 찾는 접근이 가지고 있는 근원적 취약점은 바로 '형평성'의 가치가 배제되고 있다는 점이다. 보이지 않는 손, 즉 가격과 시장에 의한 효율적 자원배분에 이르지 못하는 시장의 실패에서 정부개입의 이론적 근거를 찾았지만, 이러한 시장중심의 이론 구도에서는 소득의 재분배, 복지지출 등 경제정의와 사회적 공동선에 접근하기 위한 정부 활동의 정당성을 설명해주지 못하고 있다. 효율을 지향하는 시장경제 패러다임하에서 형평의 가치는 시장이 접근할 수 없는 이념적 영역이라는 점에서 시장기구와는 다른 가치 기준에 의해 움직일 수 있는 집합적 대응장치로서 정부의 역할이 긴요하다.

산출에 기여한 몫에 따라 이루어지는 시장에서의 1차적 소득분배는 분명 효율성 기준에서는 손색이 없다. 그러나 약간만 생각의 방향만 돌려도 효율적 자원배분의 결과 이루어진 소득분배구조가 윤리적 기준에서 공정하다는 보장은 없다. 특히 '사회의 산출에 기여한 몫'의 원천을 깊이 생각하면 불공평의 씨앗이 잠복되어 있다는 점을 배제하기 어렵다. 축적된 부와 상속된 자산, 특수한 역량을 지닌 경제주체에게 배분되는 몫이 클 수밖에 없는 것이 시장경제의 본질이지만, 본질의 이면에는 어쩔 수 없는 불평등이 존재한다는 사실을 인식해야 한다. 소득의 분배가 사회적 산출에 대한 참여의 결과임이 틀림없으나, 소득분배의 불평등을 개선해야 하는 것도 넓은 의미의 사회적 가치증진의 노력이라고 해석할 수 있다.

나. 재정기구개입의 정당성 확립

소득분배를 가져오는 원천의 불평등 못지않게 누구나 인간의 기본 삶을 영위해야 할 필요성이 존재한다는 점도 불평등 완화의 또다른 근거일 수 있다. 시장에서의 자연적인 소득분배가 기본적인 생활의 유지에 미달한다고 할 때 이를 보충해야 할 사회적 책무가 존재한다는 점이 불평등 완화를 위한 재정의 적극적 역할이라는 명제의 기조를 이루고 있다.

19세기 후반, 20세기에 들어서면서 자본가와 노동자를 양 축으로 부의 편중과 소득의 격차는 자연스럽게 이를 시정하려는 집합적 노력(collective action)이 필요하다는 데 공감대가 형성되었다. 이러한 노력은 가격기구가 아닌 권력기구, 즉 정부의 개입을 필요로 한다는 데 인식의 범위가 넓어지게 되었다. 이러한 정부개입의 필요성은 시장경제의 이념적 토대가 되는 자본주의의 병폐를 타파하려는 사회주의 운동이 태동하고, 이러한 흐름이 확산될수록 더욱 절실했다. 사실상 러시아 사회주의혁명은 기존의 시장경제중심의 정부의 존재와 역할의 한계를 인식시키는 계기의 하나로 작용했고, 시장경제에서 초래되는 불평등을 개선하려는 새로운 차원의 역할에 관한 논의를 전개시켰다. 역설적으로 말해 공산혁명의 성공과 사회주의 국가의 출현은 시장경제를 토대로 국가발전을 이룩한 다수 서구국가들에게 이념적 충격을 가져다주었고, 이러한 충격이 불평등 완화와 형평 가치의 진작을 20세기 현대국가의 중요한 정부 역할로 수용하게 만든 배경의 하나라고 해석할 수 있다.

07

시민의 실패
(citizen failure)

광의의 '시장의 실패'를 미시적 실패, 이념상의 한계, 경기순환상의 한계로 구분하여 설명했지만, 이 밖에도 국가공동체를 구성하는 일부 국민의 행태가 바람직한 정부 활동을 제약하는 요소로 작용할 수 있다. 군이 표현하자면, '시민의 실패'라고 말할 수 있는 '정부의 역할에 대한 국민의 기대의 이중성'이다. 국민들은 시장이 할 수 없거나 하기 어려운 일을 정부가 바람직한 수준으로 수행할 것을 기대하고 있지만, 그러한 정부 활동을 뒷받침할 재원부담에는 소극적 자세를 보일 수 있다는 점이다. 이러한 현상이 보편화된다면 분명 바람직한 공통이익의 실현에 제약요인으로 작용할 수밖에 없다.

민주주의 정치 시스템의 재정적 토대는 국민들의 적극적 납세의식이라고 볼 수 있다. 적극적 납세의식을 통해 경제주체가 창출한 가치의 일정부문을 세금의 형태로 정부로 이전하고, 정부는 그 재원을 토대로 국민의 보편적 기대욕구에 부응하는 활동을 전개하는 것이다. 그러나 민주주의 정신에 기초한 건전한 납세의식이 선행되지 않는 한 국민적 기대 수준에 맞는 정부 활동이 보장되기 어렵다. 이런 점에서 세금부담을 공동체 구성원의 기본책무라는 건강한 납세의식이 민주주의와 대의제 정치 시스템의 초석이 되어야 한다.

한편 국민의 기대욕구에 부응하는 투명한 정부운영이 납세의식의 고양을 위한 전제조건이라는 사실도 결코 간과해서는 안 된다. 정부는 변화하는 보편적 수요를 모색하고 이를 정부 활동에 수용하는 무한책무를 갖고 있다.

08
시장의 불완전성에 따른
정부의 대응과 역할

공공경제학적 관점에서 시장의 실패와 한계 유형에 맞추어 정부의 역할을 집약하면 [그림 04]와 같다. 시장의 불완전성을 미시적 시장실패에 국한하지 않고 이념적 한계, 순환적 한계, 시민의 실패를 포함한 광의의 시장실패로 규정하여 각 유형에 상응하는 정부의 역할을 설명할 수 있다.

첫째, 시장실패이론의 핵심을 점하고 있는 미시적 시장실패를 치유하기 위한 정부의 역할은 다양한 공공 서비스를 제공함으로써 효율적 자원배분을 지향하는 것이며 전통적 정부 활동의 근간을 이루고 있다.

둘째, 정부는 시장경제의 효율적 자원배분구도가 접근할 수 없는 사회적 형평의 문제를 다루기 위해서 새로운 패러다임에 입각하여 복지제도의 구축 등 불평등 완화를 위한 활동을 전개한다.

[그림 04] 시장의 실패·한계 유형에 따른 정부의 대응과 가치 기준

	시장의 실패 유형		정부의 대응	가치 기준
광의의 시장의 불완전성	미시적 시장실패	➜	공공재공급과 다양한 공공 서비스 제공	효율성
	이념적 한계	➜	복지제도의 구축	형평성
	순환적 한계	➜	적극적 재정정책	안정성
	시민의 실패	➜	건강한 납세의식, 국민 기대에 부응하는 역할수행	책임성

　셋째, 시장경제가 겪는 순환적·거시적 불완전성에 대응하기 위해 정부의 개입이 불가피하다. 정부는 국민경제순환의 불안정을 치유하고 국민경제의 안정·성장을 위해 재정정책을 적절히 활용함으로써 순환적 불완전성에 대응해야 한다.

　넷째, 정부의 활동에 대해서는 높은 기대를 가지면서 재원부담에 대해 소극적 태도를 보이는 국민의 기대의 이중성을 극복하기 위해 건강한 납세의식을 고양해야 할 뿐 아니라 국민들의 기대욕구 변화에 부응하는 정부 역할을 투명하게 모색해야 한다.

09
공공 서비스의 범위와
수준의 동태성(dynamics)

공공경제학에 이론적 토대를 둔 전통적인 정부의 역할 모형은 상당 수준 안정적인 양상을 띠었다. 그러나 20세기 후반 들어 정부가 해야 할 일의 범위는 시장의 실패와 한계를 치유하는 고정 관념을 벗어나 다양화·동태화하는 경향을 읽을 수 있다. 공공 서비스의 영역이 넓어지고 질적 욕구의 변화가 뚜렷해지면서 이러한 기대에 정부가 얼마나 탄력적으로 대응하고 있느냐가 정부 활동에 대한 국민적 평가의 잣대가 되는 양상이다.

예를 들어 시민들의 맑은 물에 대한 기대욕구는 양적 수준에서 질적 수준으로 변화한 지 오래이며, 자치단체는 시장에서 거래되는 물과 경쟁해야 하는 양상이다. 미세먼지 대책을 포함한 기후변화에 대한 종합적 대응이 정부의 역할 영역으로 진입하였다. 기존의 양방향도로에서 중앙분리대 설치 요구가 끊임없이 제기되고, 도로와 인도를 구분하고 인도 턱을 만들어야 하는 도로설계방식의 요구가 보편화되고 있는 실정이다.

인간의 생명가치 존중에 대한 국민적 기대욕구는 현저히 증대하고 있다. 암에 대한 치료 못지않게 암의 예방에 대한 보편적 서비스가 공공 영역으로 진입하게 되는 양상은 생명가치 연장을 위한 공공 역할의 심화를 보여주는 사례라고 말할 수 있다.

불완전경쟁이 야기하는 독과점을 방지하고 공정거래를 유지하기 위한 정부의 책무는 이제 경제행정 영역에서 더욱 세분화·전문화되고 있다. 1970년대 공정거래실 단위에서 이루어졌던 그러한 책무가 2000년대 들어 독립규제위원회 형태의 공정거래위원회로 출범하면서 시장의 파수꾼 역할을 주도면밀하게 실행해야 하는 위상으로 바뀌게 되었다.

전통적으로 시장 영역에 속해 있던 취업알선 서비스가 이제 정보의 제약이라는 시장의 불안정성을 극복하는 데 유리한 정부(특히 자치단체)가 심혈을 기울여야 하는 실정이다. 그동안 정부가 정책수단을 통해 간접적으로 노력을 기울였던 '일자리 창출'도 이제 직접 앞장서서 주도하고 있다는 사실 역시 정부 역할의 질적 변화를 느끼게 해주고 있다. 이미 20세기 전반부터 정부의 적극적 개입이 이루어진 복지부문도 서비스의 종류와 내용, 그리고 질적 수준의 기대가 심화되고 있다.

더 나아가서 정부가 제공하는 기존의 주요 공공 서비스가 시장의 대체 서비스와 경쟁함으로써 공적 서비스의 존재가치를 유지·향상시켜야 하는 책무도 안고 있다. 예를 들면 전통적 공공재 영역의 하나인 경찰 서비스의 경우, 안전에 대한 국민적 기대 수준에 미달할 경우, 시장에서의 사적 경찰 서비스[예: 민간경비용역(private security firm)]에 의해 고유 영역이 침범될 수 있다는 우려를 배제할 수 없다. 초중등학생들의 사교육시장이 근절되지 않고 번창하는 것도 사실상 공적 의무교육의 질적 서비스가 국민적 기대욕구 변화에 부응하지 못하기 때문이라고 해석할 수 있다.

공적 서비스 영역에서 서비스의 질이 이용자의 기대에 현저히 미달하게 되면 공적 서비스를 대체하는 사적 서비스가 시장을 점유하게 됨으로써 이중구조가 형성될 수 있다. 이러한 이중구조는 공적 책무를 시장에서 보완한다는 긍정적 의미도 존재할 수 있으나 예산 낭비 등 자원배분의 비효율을 노정한다. 분명한 공적 역할을 정의하고, 시장과의 역할분담을 모색하는 작업이 정부개혁의 출발점이라고 할 수 있다.

기존 공공 서비스(특히 공기업 서비스)가 빠른 속도로 민영화를 통해 시장 영역으로 진입하고 있는 한편 시장에 의해 공급되던 상당수 사적재적 서비스가 시대변화에 따라 공공 영역으로 들어오게 되는 양상을 쉽게 발견할 수 있다. 대도시의 민영버스가 시영버스로 전환되고 있는 예나 아동보육 서비스, 고령화 사회의 급속한 진전에 따른 노인복지 서비스가 공공복지 영역으로 수용되고 있음은 여러 분야에서 정부와 시장 간 역할 배분구도가 빠르게 변하고 있음을 말해주는 징표이다.

10
정부와 시장의 특성 비교와
공공 서비스의 다양성

가. 보이는 손(정부)과 보이지 않는 손(시장)의 비교

정부와 시장의 특징을 가장 간결하게 표현하면 정부는 '권력에 의한 자원배분'의 영역, 시장은 '가격에 의한 자원배분'을 통해 국민들이 필요로 하는 욕구를 충족하는 장치라고 말할 수 있다. 보이는 손(Visible hand)에 의해서 자원배분이 이루어지는 정부와 보이지 않는 손(Invisible hand)에 의해 자율적으로 자원배분이 이루어지는 시장 간에 효율적이고 균형적인 자원배분의 구도가 만들어져야 한다.

정부와 시장이라는 두 축을 토대로 이분법적(dichotomy) 시각에서 정부와 시장을 비교하는 것이 정부 활동을 이해하는 데 유용하다. 단, 이분법적 접근은 개념의 이해를 위해 복합적 형태로 이루어지고 있는 현상을 양방향으로 단순화시켜 대비한다는 점에서 실제의 현실을 적용할 때 유연하고 다양하게 해석해야 한다.

국민의 수요와 요구에 대응하는 정치적 시스템인 정부는 국민의 보편적 이익(흔히 공공이익, 공동선으로 표현)을 추구하기 위해 권력이라는 수단을 활용한다. 시장은 가격의 신호적 기능을 통해 개별 경제주체(개인, 가구, 기업)의 이익을 추구한다.

정부부문은 기본적으로 부담과 혜택이 일치하지 않는 일반적 보상관계의 성격을 띠고 있다. 부담은 능력에 따라, 혜택은 필요에 따라 받게 됨으로써 부담과 혜택 간의 1차적 연계관계를 상정하지 않는다. 시장은 지불하는 가격에 따라 그 혜택이 배분되는 개별적 보상관계의 특성을 띠고 있다.

이러한 보상관계 특성의 차이는 비용부담에 있어서도 각기 다른 원칙이 중시된다. 시장부문은 경제주체가 얻게 되는 편익을 고려하여 비용이 결정되는 '응익의 원칙(benefit principle)'을 기조로 운영되지만, 정부부문은 기본적으로 능력에 따른 부담(ability-to-pay principle, 예: 누진세율에 기초한 소득세)이 중시되면서 제한된 범위 내에서 응익의 원칙이 보완되고 있다.

정부부문의 의사결정은 다수결 투표를 통한 선거제도가 근간이 되는 정치적 의사결정인 반면, 시장은 경제주체의 상호기대가 균형을 이루는 개별적 결정의 형태이다. 이러한 특성으로 인해 정부부문은 예상되는 재정수입의 범위 내에서 지출규모와 구조를 결정하는 총체적 결정의 패턴을 띠고 있다. 이러한 패턴은 개별 사안별로 한계수입과 한계비용이 일치하는 선에서 의사결정이 이루어지는 시장부문과 뚜렷한 차이가 있다. 이러한 패턴의 차이는 정부부문이

[표 01] 정부와 시장의 이분법적 비교

구분	정부(공공부문)	시장
주체	국민↔정부	소비자↔생산자
목표	공공이익(공동선, 공통이익)의 극대화	개별 경제주체(개인, 가구, 기업)의 개별이익 극대화
수단	권력(power)	가격(price)
보상관계	일반적 보상관계	개별적 보상관계
부담의 배분	응능의 원칙	응익의 원칙
의사결정의 본질	정치적 의사결정 (다수결 투표, 집합적 대응)	개별적 의사결정(비례적 대표성 proportional representation)
의사결정의 행태	총체적(aggregate) 패턴(경직성)	한계적 패턴(유연성)
가치의 우선순위	형평성+효율성	효율성
평가기제(evaluation mechanism)	선거(voting)	경쟁(competition)

시장기구에 비해 효율성과 유연성이 떨어질 수밖에 없는 원인의 하나라고 볼 수 있다.

정부부문은 형평성을 근간으로, 효율성이 보완되는 데 비해 시장은 철저히 효율성이 자원배분의 기준이 된다. 궁극적으로 정부부문은 선거와 여론을 통해 국민들로부터 성과를 평가받지만, 시장은 경쟁을 통해 그 성과가 좌우된다.

나. 공공 서비스의 다양성: 정부의 특성을 기반으로 시장기구적 요소의 배합

논의의 편의상 이분법적 논리로 정부부문과 시장부문의 특성을 대비시켰지만, 사실상 상당수 공공 서비스는 두 특성이 혼재되어 있다. 정부부문적 특성이 강한 서비스(국방, 치안, 초등교육)로부터 시장기구적 특성이 내포된 서비스(수도, 공공의료) 등 현실의 공공 서비스는 양 축 사이에 다양하게 분포되어 있다. 정부부문적 특성이 강한 중앙정부 서비스에 비해 지방정부 공공 서비스(예: 상하수도, 지역개발 등)는 상대적 관점에서 시장기구적 특성을 상당 부분 포함하고 있다. 공기업의 형태로 제공되는 서비스는 시장기구적 특성이 주종을 이루면서 정부기구적 특성이 보완적으로 수용되는 양상을 확인할 수 있다.

공교육 서비스를 예로 들면, 초등교육의 경우 법에 의해 의무교육으로 규정하였다는 사실 자체가 정부부문적 특징이 주축을 이룬다고 볼 수 있는 반면 국립대학은 국가가 공급의 주체라 하더라도 시장기구적 요소가 상당 부분 내포되어 있다. 초등교육의 경우 일체의 비용이 국가의 부담이지만, 대학교육의 상당 부분은 학생·학부모가 부담하는 등록금 수입으로 충당하고 있다는 사실이 이를 말해준다. 중간단계라고 할 수 있는 고등학교교육은 초등교육·중학교교육에 비해서는 정부부문적 특성이 완화되어 있지만 대학교육에 비해서는 정부부문적 특성이 현저히 강화되어 있다.

공공 서비스에 가격기구적 요소가 어떤 비율로 반영되고 있느냐에 따라 시장기구적 특징을 가름할 수 있다. 가격기구적 요소가 서비스 충당 비용에 반영되는 비율은 해당 서비스의 공적가치(또는 사회적 편익)의 수준을 반영하는 것이라고 해석할 수 있다. 가격기구적 요소가 적을수록 사회적 편익의 수준이 높아 공공적 책무가 강한 반면 가격기구적 요소의 비중이 높을수록 사회적 편익은 존재하나 개인적 편익에 귀속되는 정도가 높다고 볼 수 있다. 이런 점에서 공공 서비스

[그림 05] 공공 서비스의 다양성—정부부문적 특성과 시장기구적 특성의 배합

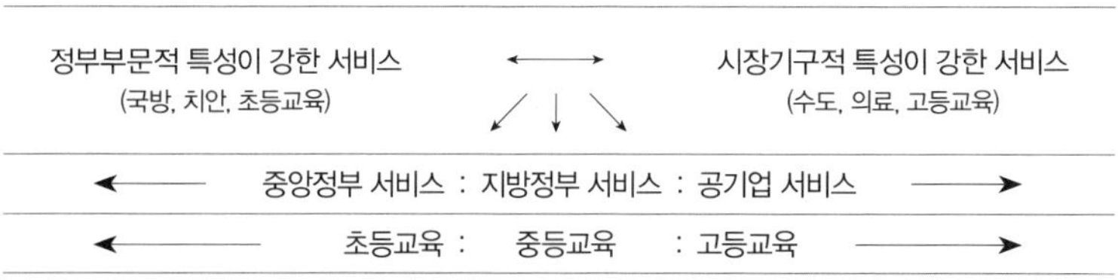

정부부문적 특성이 강한 서비스　　←——→　　시장기구적 특성이 강한 서비스
(국방, 치안, 초등교육)　　　　　　　　　　　　　(수도, 의료, 고등교육)

←————　중앙정부 서비스 : 지방정부 서비스 : 공기업 서비스　————→

←————　　　초등교육 :　　중등교육　　: 고등교육　　　————→

비용에 내포되어 있는 공공적 요소와 시장적 요소를 판별하는 것
은 공공부문 활동을 평가하고 개혁하는 단초가 될 수 있다.

3장

정부의 재정은
어떤 원칙에 의해
움직이나?

01
공공재정의 간결한 흐름도
(simple public sector model)

정부의 재정 활동을 쉽게 이해하기 위해 아주 단순한 모형을 소개한다. [그림 06]에 따르면 납세자(즉 담세자)가 부담한 세금은 정부로 이전되고, 정부는 세금으로 조성된 재원을 두 경로를 통해 정부 활동을 전개함으로써 납세자인 국민에게 환원하는 것이다. 이 두 경로가 정부 활동의 근간이 됨을 설명해주고 있다.[4]

[그림 06] 국민의 세금에 의거한 정부의 산출과 이전적 지출

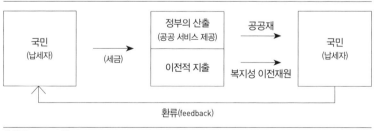

출처: Haveman, p.53.

가. 결합적 지출과 이전적 지출

첫째, 정부는 국민의 세금을 재원으로 각종 공공 서비스를 산출한다. 아주 단순히 설명하면, 정부는 국민이 낸 세금으로 각종 투입요소를 구입하고 그것을 결합하여 공공 서비스를 제공함으로써 국민의 요구와 기대(needs)에 대응한다. 한 예로, 정부는 군인을 징집하고 무기체계를 갖추어 국방 서비스에 매진하며, 교원들을 고용하고 학교건물을 지어 공교육 서비스를 제공하는 것이다. 이러한 활동은 정부가 세금을 재원으로 여러 투입요소를 구입하고 결합하여 서비스를 창출한다는 측면에서 '결합적 지출(exhaustive expenditure)'로 표현할 수 있다.

둘째, 국민이 낸 세금을 재원으로 하여 담세자인 국민에게 다시 현금으로 지출하는 이전적 지출(transfer payment)을 생각할 수 있다. 이러한 지출 유형은 별도 투입요소의 결합 없이 확보된 재원을 그대로 수요자들에게 이전한다는 점에서 앞서 언급한 결합적 지출과 차이가 있다. 이러한 지출은 세금(또는 기금)을 낸 사람과 지출로 인한 혜택을 받는 사람이 반드시 일치하지 않는다. 부담능력이 있는 납세자로부터 확보한 재원을 부담능력이 없거나 적은 국민에게 이전한다. 경우에 따라서 혜택은 현재세대가 받지만 미래세대가 더 부담해야 하는 상황이 발생할 수도 있다. 사회적 약자에게 지급되는 복지성 보조금이나 공적 연금이 여기에 해당된다. 이러한 형태의 정부

---

4 Haveman, Op. cit., p.53.

활동은 구체적인 투입요소의 결합 없이 정부가 신탁기금(trust fund)의 관리주체로서 역할을 수행하는 것으로 설명할 수 있다.

나. 이전적 복지지출의 비중 증대

이와 같이 정부의 재정 활동을 두 경로로 구분하는 의미는 다음과 같다.

첫째, 정부가 서비스 공급주체로써 공공재를 공급하는 활동은 시장과 정부 간 효율적 역할 배분구도 속에서 시장의 실패에 대응하기 위한 정부의 개입이 바람직하다는 전제하에서 이루어지는 것이다. 이런 점에서 정부는 '효율적 자원배분'을 가능하게 하는 공공재의 산출에 주력해야 하는 책무를 지니고 있다. 그러나 이전적 재원의 관리주체로서 소득을 이전하는 활동은 '형평성'의 기조하에서 시장의 이념적 한계를 보강하는 정부의 책무라고 할 수 있다.

둘째, 경제발전이 진전될수록, 후자의 경로에 해당되는 이전적 지출의 성격을 띤 정부의 역할이 커진다는 점이다. 경제협력개발기구(OECD, Organization for Economic Cooperation and Development) 국가의 재정지출 중에서 이전적 지출의 성격을 띠는 예산이 재정지출의 50%에 육박하고 있다는 사실에 주목해야 한다. 전통적 공공 서비스 수요 증가는 정태적 또는 점진적인 데 비해 이전적 지출의 상당부문을 차지하는 복지부문 정부 활동은 정치적 선택에 의거하여 새로운 지출결정이 이루어진다는 점에서 재정구조의 변화를 초래하는 핵심요소라고 할 수 있다. 우리나라도 2000년의 국민기초생활보장법 제정을 계기로 이 분야의 재정수요가 급격히 증가하고 이에 상응하는 재정정책의 선택이 이루어져 국가재정구조가 눈에 띄게 변하고 있다.

02

정부 활동의 재정적 정당성:
'사회적 편익의 극대화 원칙'

정부 활동의 재정적 정당성은 여러 측면에서 설명할 수 있으나, 이 책에서는 '사회적 편익의 극대화 원칙(principle of maximum social gain)' 구도하에서 설명하고자 한다.[5] 궁극적으로 정부는 국민의 세금으로 이루어지는 공공 서비스의 산출(government output)과 이전적 지출의 두 경로를 통해 국민들에게 귀속되는 사회적 편익을 극대화해야 한다는 원칙이다. 이러한 원칙은 국민들로부터 세금을 거두어들이는 권력 작용의 기본 전세가 되는 것이다. 이 원칙은 국민의 세금부담에 토대를 둔 정부의 활동(공공 서비스의 산출과 이전지출)이 창출하는 총 사회적 편익이 당연히 조세부담으로 인한 사회적 비용을 능가해야 한다는 규범을 말해주는 것으로써 정부재정 작용의 근

---

5   Ibid, pp.49~62.

저가 되는 것이라고 말할 수 있다. 뒤집어서 말하면 사회적 편익이 사회적 비용에 미달하는 어떠한 지출도 정부 활동에 포함되어서는 안 된다는 지극히 당연한 원칙을 확인하는 것이다.

정부가 추진하는 모든 개별사업이 이 원칙에 부합해야 될 뿐 아니라 총량 재정규모로 표현되는 정부의 총체적 활동도 이 원칙 적용의 예외가 될 수 없다. 더 나아가서 정부가 창출하는 사회적 가치가 사회적 비용을 초과하는 비율이 높을수록, 정부 활동의 재정적 정당성이 강화된다는 점을 암시해주고 있다. 반대로 정부의 활동이 창출하는 사회적 가치가 국민세금으로 인한 사회적 비용을 커버하지 못한다면 적어도 공공경제학적 측면에서는 그 정부의 존재가치는 일정 부분 상실하게 되는 것이라는 엄숙한 메시지를 담고 있다고 볼 수 있다.

정부의 재정적 의사결정은 기존사업을 유지하는 결정과 새로운 사업에 관한 결정으로 구분할 수 있다. 기존사업은 이미 법령과 예산결정을 통해 사업의 지속필요성이 상당 부분 이미 확인되었지만, 새로운 사업의 경우 '사회적 편익의 극대화 원칙' 구도에 입각한 재정평가를 통해 순사회적 가치 창출의 엄밀한 확인 작업이 긴요하다.

03
'공공이익' 존재의 확인:
Minimum Test와 Maximum Test

사회적 편익의 창출에 기여하는 어떤 프로그램이나 프로젝트가 정부 영역으로 수용되려면 두 단계의 테스트를 거쳐야 한다.[6]

첫째, 정부 활동이 공공이익에 부합하는지를 판별하는 일이다. 어떤 공공사업도 투입되는 비용을 능가하는 편익을 창출해야 정부 활동에 대한 최소한도의 정당성이 부여되는 것이다. 시장의 실패가 야기되었다 하더라도 이러한 최소한도의 조건(minimum test)에 충족되지 못하면 공적 활동 영역으로 수용될 수 없음은 자명하다.

둘째, 최소한도의 조건을 충족했더라도 가장 바람직한 대안을 선택할 책무를 지닌다(maximum test). 정부가 어떤 사업을 추진함에 있어 사회적 비용을 능가하는 순사회적 편익(net benefits)이 극대화

---

6 Ibid, pp.53~54.

될 수 있는 대안을 선택함으로써 자원배분의 효율을 기해야 한다. 이러한 원칙은 사업의 규모 설정과 사업의 내용 및 범위 책정 과정에서 매우 유용한 원칙이다.

다수 관료나 정치인들이 minimum test 개념에는 익숙하지만 maximum test의 중요성을 간과하는 수가 많다. 특히 관료제는 최적대안을 찾으려는 치밀한 사전노력이 긴요하고, 대의기구는 이를 정례적으로 확인·평가하는 노력을 기울일 때 공공자원의 효율적 배분에 다가서게 된다는 사실을 간과해서는 안 된다.

'사회적 편익의 극대화 원칙'은 누구나 공감할 수 있는 정부 활동의 기본전제라고 말할 수 있지만 실제 결정을 할 때 이러한 기본요건을 충족하는지에 대한 엄정한 평가가 이루어지는지 확신하기 어렵다. 텅 빈 '지방 국제공항'을 바라볼 때, 사업의 초기단계에 이러한 기본원칙을 적용해봤는지, 아니면 정치적 지역 이익에 의거한 낙관적 전망이 그러한 비효율적 사업을 가능하게 한 것인지 판단이 서지 않을 때가 많다. 대규모 공공재원을 투입한 4대강사업 역시 아직도 타당성에 대한 논란이 그치지 않는데 최초의 결정 과정에서 폭넓은 평가와 엄정한 객관적 점검이 소홀했던 것은 아닌지 반문할 수 있다. 이런 사례에 비추어 새로운 정부 활동에 대한 minimum test는 물론이고 maximum test를 냉정히 거치는 정치·관료문화의 형성이 긴요하다.

04
효율성 관점에서 본
공공재 산출규모의 적정 수준

정부가 어떤 공공 서비스를 제공할 것인지 여부를 결정하는 것 못 지않게 그 서비스를 어느 수준에서 공급할 것인가의 문제도 관심의 대상이다. 당연히 '사회적 편익의 극대화 원칙' 구도 속에서 순사회 적 편익이 최대한 확보될 수 있는 규모에서 결정을 해야 할 것이다. 이러한 보편적 명제에 해당하는 공공재 산출의 적정규모는 [그림 07]로 설명할 수 있다.[7]

45도 직선은 총 사회적 비용(TSC, Total Social Cost)을 나타내는 것 으로 어떤 사업에 1억 원이 투입되었다면 1억 원의 세금이 바로 사 회적 비용이라는 것을 가정한다. 즉 정부 활동에 투입된 예산(세금) 이 곧 사회적 비용이라는 뜻이다. 그런데 어떤 정부 활동을 가능케

---

7 Ibid, pp.56~59.

[그림 07] 결합적 지출의 적정규모

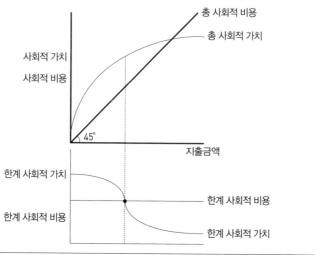

출처: Haveman, Op. cit., p.58.

하는 조세부담이 야기하는 실제의 사회적 비용은 외형적 조세부담
액을 능가한다고 볼 수 있다. 조세부담이 야기하는 자원배분의 왜
곡과 징세에 따르는 부수적 비용이 수반하기 때문이다. 다만 여기서
는 논의의 편의를 위해 그러한 요소는 배제한 채 국민의 세금부담
이 사회적 비용과 동일하다고 전제하였다.

　한편 볼록 곡선으로 표시된 총 사회적 가치(TSV, Total Social
Value)는 정부지출이 창출하는 사회적 가치를 나타낸 것이다. 초기
지출에는 가치가 높게 나타나지만, 지출규모가 늘어나면서 총 효용
은 증가하나 한계효용이 감소한다는 가정을 표현한 것이다. 이 곡선
은 정부의 공공 서비스도 '한계효용체감의 법칙'이 적용된다는 가정
하에서 제시한 것이다.

결론적으로 정부의 최적 지출규모는 총 사회적 비용과 총 사회적 가치의 차이가 극대화되는 점에서 이루어지는 것이 바람직하다는 것이다. 이는 정부의 프로그램이 국민의 기대욕구에 현저히 미달하는 규모로 운영되어서 안 될 뿐 아니라 방만한 규모로 책정되어서도 안 된다는 점을 일깨워주는 것이다. 쉽게 말해서, 너무 적게 계획되어도 안 되고 그렇다고 너무 크게 계획되어도 안 되므로, 순편익이 극대화될 수 있는 적정규모에서 이루어지는 것이 바람직하다는 일반인의 상식과 궤를 같이하는 것이다.

그러나 실제 적정 지출규모를 도출하는 것은 용이하지 않다. 객관적 자료의 미비와 미래예측에 대한 불확실성으로 인해 상당 부분 주관적 판단에 좌우될 수 있기 때문이다. 그러나 부분적·정치적 이익을 배제하려는 냉철한 자세로 효율성이 확보될 수 있는 지출규모를 찾는 데 주력해야 한다는 정책적 암시를 담고 있다고 해석할 수 있다.

[그림 07]의 아래 그림은 위의 총량곡선을 한계곡선으로 표현한 것이다. 한계 사회적 가치(Marginal Social Value)와 한계 사회적 비용(Marginal Social Cost)이 교차하는 점이 적정 지출규모임을 말해주고 있다. 두 선이 만나는 지점은 총 사회적 가치와 총 사회적 비용의 차이가 극대화되는 점과 일치함을 쉽게 확인할 수 있다.

05

형평성 관점에서 본
소득이전지출의 당위성

가. 소득이전지출이 창출하는 사회적 가치의 증대

정부재정 활동의 주요 축의 하나가 바로 소득재분배를 도모하는 복지부문 지출이다. 전통적 시장실패이론에서 주력하지 못했던 경제적 불평등을 개선하는 과업은 재정의 구조와 규모 설정에 있어 핵심변수이다. 여기서는 형평성 증대를 위한 재정의 노력이 왜 사회의 총체적 효율 관점에서도 유용한 것인지를 살펴보기로 한다.[8]

[그림 08]은 정부의 복지 프로그램 중에서 사회적 약자에게 지급하는 이전지출이 궁극적으로 사회적 가치증진에 기여하는 것임을 설명해주고 있다. [그림 08]에는 '소득이 창출하는 사회적 가치곡선

---

8 Ibid, pp.59~60.

[그림 08] 소득이전지출이 창출하는 사회적 가치증대 효과

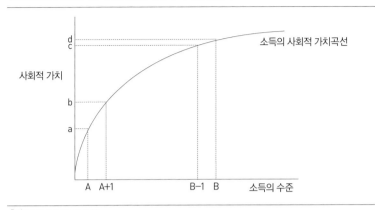

출처: Haveman, Op. cit., p.60.

(SVI, Social Value of Income)'이 볼록하게 표시되어 있다. 이 곡선은 첫째, 사회의 구성원이 소득을 가짐으로써 만족하고 둘째, 소득이 증가함으로써 사회적 가치(Social Value)가 증대하되, 한계적 가치증대는 감소한다는 가정이 담겨져 있다. 사회의 구성원은 A, B 두 사람이고, A는 경제적 약자, B는 경제적 강자로 가정하였다. 높은 소득의 B로부터 한 단위의 소득을 세금으로 확보한 것을 경제적 약자인 A에게 이전했을 때의 가치증진 효과를 보여주고 있다. B는 한 단위의 소득이 감소했지만 A는 한 단위의 소득이 증가했고, A의 한 단위 소득의 추가가 가져오는 한계가치의 증대는 B의 감소된 사회적 가치보다 크다고 보았다. 즉, B가 부담한 한 단위의 세금으로 인해 감소되는 사회적 가치의 감소분(cd)보다 A가 B로부터 얻은 추가 소득으로 얻게 된 사회적 가치(ab)가 높다는 점을 그림을 통해 쉽게 알 수 있다.

물론 이 그림에 나온 '소득의 사회적 가치곡선'은 소득의 한계효용이 감소한다는 것을 전제로 했기 때문에 당연히 그런 결과가 나올 수밖에 없다. 그러나 이러한 사실은 우리의 일상생활을 통해서 쉽게 확인할 수 있다. 부자가 갖고 있는 10만 원과 가난한 사람의 10만 원이 객관적 구매력에서는 동일한 가치이지만, 주관적 효용의 가치 측면에서는 가난한 사람의 10만 원의 한계효용이 부자의 10만 원에 비해 월등히 높다는 사실을 부인할 수 없다.

나. 소득이전지출에 대한 적극적 입장과 소극적 입장 —정치적 선택으로 귀결

부자로부터 거둔 세금을 가난한 사람에게 소득이전지출을 통해 지급함으로써 사회적 가치의 증진에 기여한다고 하면 이러한 이전지출은 사회적 효율의 관점에서도 정당성이 공감될 수 있는 장치라고 생각할 수 있다. 이러한 소득이전장치는 cd(강자의 사회적 가치 감소분)보다 ab(약자의 사회적 가치 증가분)가 크다고 간주되는 한 사회적 효율의 관점에서 유효하다. 이 모형은 사회적 약자에 대한 소득이전 프로그램이 형평성의 기준에서 출발했지만 결과적으로는 사회적 효율의 증진에 기여한다는 점을 말해준다.

이러한 소득재분배 프로그램이 사회적 효율의 향상에 기여한다는 입장은 권력 작용에 기초한 인위적 소득재분배 시스템이 시장의 효율을 제약함으로써 성장잠재력을 훼손하고 국민경제의 성장을 제약한다는 일부 시장주의론자들의 주장을 반박하는 근거로 자주 원용된다.

　이전지출을 포함한 소득재분배 프로그램이 분명 어느 수준까지 사회의 총체적 가치증진에 기여하는 것은 분명하지만, 어느 한도를 넘어서면 시장주의론자들의 주장처럼 사회적 총 산출을 제약하는 요소로 작용할 수 있다는 점을 간과할 수 없다. 그렇다면 국민경제의 총 산출 증대를 제약하지 않으면서 사회적 가치증진을 진작하는 적정 소득재분배가 어느 수준이어야 하는가가 핵심과제라고 할 수 있다. 다만 그러한 수준을 어떻게 찾을 것인가에 대한 사회적·정치적 합의가 매우 어렵다는 점이다. 결국 이러한 과업 역시 이론적 논쟁으로는 결실을 맺을 수 없고 국민과 대의기구의 정치적 선택 몫일 수밖에 없다.

　아울러 여기에서 유념해야 할 점은, 자신의 소득이 타인의 소득으로 이전되는 것에 대한 경제적 강자의 동의가 전제되어야 한다는 점이다. 따라서 경제적 강자들의 소득이전 프로그램에 대한 폭넓은 공감대가 긴요하다.

　요컨대 경제적 강자의 재원 일부가 경제적 약자로 이전하는 소득이전 메커니즘을 제도화하는 것은 바로 정부의 재정결정, 더 나아가서 정치적 선택이라는 점을 간과해서는 안 된다.

06
재정 활동의
순환 과정

[그림 09]에 표시된 바와 같이 재정에 관한 의사결정은 여러 단계를 거친다. 우선 국민의 경제 활동으로 형성된 경제적 자원의 일부를 세금으로 조달하는 첫 번째 단계를 생각할 수 있다①. 대부분 세금을 통해 재원을 조달하지만 국채, 공채 발행 등 국민경제로부터의 차입과 수수료, 사용료 등 수익자 부담금 형태의 가격기구적 수입도 이에 포함된다. 과세대상과 세율구조를 포함한 재원조달방식이 결정되고, 궁극적으로 조세부담률(또는 국민부담률) 수준이 추정된다.

이러한 재원조달 활동을 통해 확보한 재원은 크게 각종 공공재 공급 활동과 이전적 지출로 구분할 수 있지만 다양한 정부 활동 영역으로 구분되어 배분된다②. 이 단계는 방위비, 교육비, SOC 건설비, 지방정부이전, 사회복지비 등 기능별 공공자원의 배분 결정이 이루어지는 예산결정 과정으로 행정부의 편성, 국회의 심의·의결을

[그림 09] 재정결정 모형

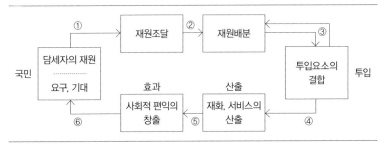

거쳐야 한다.

  다음 단계는 각 소관 영역에서 인건비, 물건비, 기관운영비, 보조금, 현금이전 등 이른바 품목별 투입요소의 결합방식이 결정된다③. 공공 서비스도 생산요소를 효율적으로 결합하는 기업과 마찬가지로 투입요소가 결합됨으로써 공공 서비스가 산출되는 것이다④. 경찰 서비스를 예로 들면, 치안부문에 일정한 재원배분을 결정하면② 경찰 서비스를 위해 경찰인력과 장비 등을 결합하여③ 경찰 서비스(예: 수사, 단속, 경비, 체포 등)가 창출되는 것이다④.

  기능별 재원배분②과 투입요소의 결합③은 논의 전개상 2단계로 구분하였지만, 순서의 우선을 가리기 어렵다. 정부 예산편성의 관행상, 초기 예산편성단계에는 해당사업의 투입요소의 결합방식이 예산안 산정의 토대가 되기 때문에 기술적 측면에서 투입요소의 결합방식③이 기능별 재원배분결정에 앞서 이루어진다. 다만 기능별 재원배분결정이 이루어지는 예산확정 후의 집행단계에서 당초 예산안 산정의 기초가 되었던 투입요소의 결합방식에 따라 지출결정이 이루어진다. 이런 점에서 이들 단계는 행정부 내의 내부적 의사결정을 통해 상호 교차·연계되는 성격을 띠고 있다.

공공 서비스의 산출은 그 자체가 공적가치로 반드시 귀결되는 것은 아니다. 물리적 산출이 창출하는 사회적 편익이 바로 정부 활동의 궁극적 목표가 되어야 한다⑤. 예를 들면 경찰의 교통법규 단속활동(물리적 산출)이 반드시 교통질서 확립(사회적 편익)에 100% 직결되는 것은 아니고 어디까지나 확률적 가능성의 문제인 것처럼, "정부의 산출과 사회적 편익이 반드시 일치하는 것은 아니다"라는 점에 유념해야 한다.

정부 활동이 창출하는 사회적 편익은 바로 세금을 낸 국민들의 정부에 대한 기대에 부응하는 공적 의무의 영역이다⑥. 국민의 기대욕구에 제대로 부응하지 못한다면 다음 단계의 재원부담 과정에서 정상적인 납세 협력을 기대하기 어려울 뿐 아니라 정부 활동에 대한 정당성의 수준이 저하될 수 있는 여지를 배제할 수 없다.

이와 같은 재정의 순환 과정에서 재원조달의 결정(①: 조세정책), 재원의 배분결정(②: 예산정책)이 재정부문의 핵심 결정단계라고 말할 수 있다. 정부 활동이 국민적 기대에 부응하고 있는지를 평가하고, 평가 결과를 다음 단계의 공공 서비스의 산출에 반영하는 노력⑥이 재정의 선순환을 촉진할 수 있다는 점을 간과해서는 안 된다. 이런 점에서 정부는 국민들의 미래 기대욕구의 변화를 파악하며, 이를 공공재원의 배분결정과 새로운 사회적 편익 창출의 비전 설정에 반영하는 공공부문혁신 노력에 매진해야 한다.

07
재정의 역할과
기능

미국의 재정학자 리처드 머스그레이브(Richard A. Musgrave, 1910~2007) 교수는 재정의 기능을 자원배분의 조정, 소득의 재분배 그리고 경제의 안정화로 설명하고 있다.[9]

가. 자원배분의 조정

재정의 '자원배분 조정 기능'은 정부 활동을 가능케 하는 재정 작용이 시장과 정부 간 역할 배분의 토대가 되는 것을 말해준다. 정부가 어떤 형태의 공적 활동을 어떤 범위로 설정하느냐에 따라 국가

---

9   R. Musgrave and P. Musgrave, *Public Finance in Theory and Practice*(2nd ed.), McGraw-Hill, 1976, pp.7~19.

[그림 10] 시장과 정부 간 및 중앙·지방·공기업 간 역할분담의 가변성

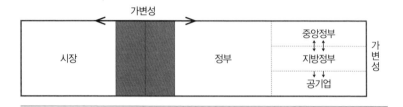

공동체 구성원들이 필요로 하는 재화 및 서비스에 대한 시장과 정부 간 역할 배분의 구도가 달라진다. 이러한 역할 배분구도는 고정된 것이 아니고 시대정신의 변화, 정치적 선택에 따라 변화할 수 있다. 이를테면 정부의 공적 서비스에 대한 책임 영역이 넓어질수록 시장의 역할은 상대적으로 줄어들고 반대로 정부 영역이 좁아질수록 시장의 자원배분 영역은 상대적으로 넓어지게 된다.([그림 10] 참고)

자원배분의 조정은 1차적으로 시장과 정부 간에 이루어지는 것이지만 정부부문 내에서도 중앙정부와 지방정부 간, 일반정부와 공기업 간 다양한 역할 배분구도가 형성된다.

나. 소득재분배 기능

재정의 소득재분배 기능은 정부가 공적 활동을 수행하는 과정에서 재원을 확보하고 그 재원을 배분하는 과정에서, 시장에서 형성된 1차적 소득분배를 개선해야 하는 책무를 지니고 있음을 말해준다. 20세기 이전에는 정부 활동수행 과정에서 소득분배라는 별도의 가치가 핵심 재정 기능의 범주에 포함되지 않았지만, 20세기 들어 경

제적 약자의 경제적 지위 향상, 소득불균형의 완화 등 이른바 '사회적 형평'의 증진이라는 이념적 목표가 정부 역할의 한 축으로 자리잡게 되면서 그 역할이 국민적 관심의 대상이 되었다.

A. 조세수입 확보와 지출구조 형성을 통한 소득재분배

재정의 소득재분배 기능은 1차적으로 조세수입의 확보 과정에서 접근해야 한다. 소득재분배 효과가 뚜렷한 세목이 전체 조세수입의 근간을 이룰수록 세입을 통한 소득재분배 목표에 근접할 수 있음은 자명하다. 흔히 직접세·간접세의 세수비중을 통해 조세의 소득재분배 성과를 판별하지만 탄력적 누진세율 구도와 결합된 소득세·상속세·증여세의 비중이 높을수록, 아울러 역진적 부담 구도를 지닌 소비 관련 세목의 비중이 낮을수록 의미 있는 소득재분배가 이루어진다는 것이 상식적 수준의 판단이다.

재분배 목표를 가지고 확보된 재원을 토대로 정부가 어떤 지출구조를 통해 활동을 수행하느냐도 소득재분배에 영향을 주는 요소이다. 정부지출예산 중에서 이른바 보편적 정부 활동(예: 국방, 사회간접자본 형성, 질서유지 등 순수공공재 영역)에 배분되는 비율이 높을수록 사회복지부문에 배분되는 비율이 낮아지기 때문이다.

소득재분배 관련 재정지출은 크게 2가지로 나눌 수 있다. 하나는 정부가 복지부문 공공 서비스(in-kind)를 통해 경제적 약자의 필수 수요를 충족시키는 것이고, 다른 하나는 이전적 지출(transfer-in-cash)을 통해 저소득층의 기초생활을 보장하는 것이다.

복지분야가 정부의 주요 책임 영역으로 수용된 초기 시점에는 기초적 공공 서비스(예: 보건, 교육, 주택, 취업 안내 등)에 대한 공공적 보장의 형태가 중심축을 이루었으나, 점차 기본생활 보장을 목표로 한 현금이전지출의 비중이 증대하고 있는 양상이다.

B. 선거 과정에서 주된 쟁점

대통령선거 등 주요 선거 과정에서 가장 큰 쟁점이 되는 것은 재정의 3가지 기능 중 바로 소득재분배 기능에 관한 방향이다. 자원배분의 조정에 관련된 재정의 기능은 상당 부분 고정되어 있는 양상이어서 미래의 정책방향에 대해 정치적 관심이 그렇게 높지 않은 경향이 있다. 그러나 양극화가 진전되고 사회적 약자의 경제적 지위 향상에 대한 국가적 역할기대가 높은 상황에서는 소득재분배 이슈가 미래 정책 논의의 주된 축을 형성하는 것이 자연스럽다고 볼 수 있다. 사회적 약자는 정부가 강도 높은 역할을 다짐할 것을 요구한다는 점에서 지대한 관심을 갖고, 그러한 재원을 부담해야 하는 경제적 여유 계층은 미래 부담의 향방에 대해서 관심을 지나칠 수 없기 때문이다.

다. 경제의 안정화 기능

재정은 국민경제를 안정적 성장방향으로 견인해야 하는 책임을 안고 있다. 이러한 기능 역시 고전경제학도들이 중시하지 않았던 기능의 하나였지만 20세기 들어서 국민경제의 안정적 성장이 정부 역할의 한 축을 구성하게 되었다.

'국민소득(Y)=소비(C)+투자(I)+정부지출(G)' 식이 의미하는 바와 같이, 국민경제의 안정기조가 유지되기 위해서 적정 수준의 정부지출이 독립변수의 하나로 간주된다. 이러한 상황하에서 정부의 재정정책(확장적 재정정책 또는 수축적 재정정책)이 안정적 총수요관리를 위한 주요 정책수단의 하나이다. 조세의 감면 또는 증세가 경제 활동을 각기 진작 또는 조정하는 정책수단의 하나로 활용되는 것도 동일한 맥락에서 이해할 수 있다.

경제의 순환적 안정을 도모해야 하는 재정의 역할에는 중장기적 관점에서 성장을 견인해야 하는 미래목표가 포함되어 있다는 사실에 유념해야 한다. 특히 개발경제 시점에는 이러한 기능이 체제 정당성 유지의 큰 몫을 차지했다. 체제 정당성의 확보가 그렇게 긴요하지 않은 시대에 들어서도 적정 성장의 궤적이 가시화될 때, '삶의 질 향상'이라는 국민적 기대욕구에 부응할 수 있고, 자원배분의 조정과 소득재분배 기능에 매진할 수 있는 재정적 역량을 확보할 수 있다는 사실을 염두에 두어야 한다.

08
재정 활동의
제도적 특성

가. 재정의 정치성

정부의 재정 활동은 정치적 결정을 통해 이루어진다. 정치적 결정에는 법적 규범과 정치적 선택이 함께하고 있다. 위로는 헌법, 아래로는 법률, 시행령, 조례, 규칙 등 법적 규범에 따라 세입이 결정되고 정부지출결정을 한다. 행정부의 편성, 국회의 심의를 거쳐 세입·세출예산이 결정되는 것도 정치 과정을 통해 이루어진다. 따라서 재정의 본질과 과정이 '정치'에서 출발한다는 사실은 재정을 이해하는 데 필수 요소라고 말할 수 있다. 궁극적으로 국민들이 대표자를 선출하고 대표자들이 법을 만들며, 법령이 관료기구를 통해 세금을 결정하고 지출을 집행하는 것인 만큼 재정의 '정치적 속성'은 바로 국민의 선택이라는 점을 이해해야 한다.

나. 재정의 권력성과 국민

재정의 정치적 성격은 곧 재정 활동을 수행하기 위해서는 권력(權力)이라는 수단이 뒷받침되어야 함을 의미한다. 국민의 보편적 이익을 실현하는 국가적 목표에 도달하기 위한 세입·세출 활동은 시장에서 소비자의 자유로운 선택에 의해서 이루어지는 것이 아니다. 국민들의 선거를 통해 구성된 대의기구와 행정부가 재정에 관한 위임의 범위 내에서 국민들의 대표가 만든 규칙에 따라 강제력을 토대로 재정에 관한 결정에 임하는 것이다. 여기에서 중요한 사실은 재정 활동의 수단적 기반이 되는 권력(강제력)이 바로 국민들로부터 위임받은 것이라는 점과 그러한 권력의 활용은 국민의 보편적 기대 실현에 적절히 대응하라는 책무를 부여한 것이라는 점이다. 사실 재정의 '정치성'과 '권력성'이라는 개념의 토대는 국민이라는 점을 분명히 인식해야 한다.

다. 재정의 동태성(動態性)

재정에 분명한 원칙이 존재하나, 그러한 원칙은 반드시 고정되는 것이 아니고 시대변화와 경제발전단계, 그리고 국민의 기대욕구 변화에 따라 달라지는 속성을 지니고 있다. 근대국가 시절에는 재정의 시스템이 비교적 안정적이고 단순했지만, 20세기 후반에 들어서 국민들의 기대와 요구가 다양하고 계층별 수요패턴이 양극화되면서 국민의 기대를 충족하는 재정 시스템을 유지하는 것이 점차 어려워

지고 있는 현실을 볼 수 있다. 1970년대에는 상상할 수 없었던 복지 욕구를 어떻게 수용할 것이냐의 문제가 2000년대에는 선거 과정에서 핵심의제로 대두하는 것만 보아도 재정의 구조와 역할이 급속히 변하고 있음을 말해준다.

라. 재정 활동의 가치판단 기준

경제 활동을 평가하는 가치 기준으로 흔히 '효율성(efficiency)'과 '형평성(equity)'을 꼽는다. 경제주체들의 경제 활동은 효율성을 기준으로 이루어지나, 공동체의 보편적 목표를 달성해야 하는 재정은 '형평성'이라는 고유의 가치 실현을 또 다른 목표로 삼고 있다. 형평성에 관한 개념은 물론 다의적 성격을 띠고 있으나 동일한 조건에 있는 사람에게 동일한 취급을 해야 한다(equal treatment)는 원칙에 머무르지 않고, 서로 다른 경제적 환경에 있는 사람들을 어떻게 취급하는 것이 바람직한 것인지에 대한 고도의 가치판단의 문제까지 포함해야 한다.

재정은 형평성 기준에만 전적으로 매달려서는 안 되고 효율성이라는 판단 기준도 간과할 수 없는 중요한 가치판단의 기준이다. 재정과 관련된 많은 논쟁이 형평성을 어떻게 실천적으로 정의하고, 효율성을 어느 수준으로 보완할 것이냐의 문제에서 출발한다고 볼 때 두 가치판단 기준의 배합에 대한 정치적 공감대 형성이 중요한 과제임이 틀림없다.

| 4장 |

정부의 개입과 역할이
적절한가?

01

공공재공급에 대한 두 입장: 과다공급? 과소공급?

정부 활동이 국민의 기대 수준과 재정역량에 비추어 적절한 수준
으로 이루어지고 있느냐에 대한 논의는 크게 2가지로 나누어 설명
할 수 있다. 하나는 '정부가 필요 이상으로 공공재를 공급하고 있다'
는 과다공급의 입장이고, 다른 하나는 '국민의 기대에 미진한 수준
에서 공급되고 있다'는 과소공급론의 입장으로 구분할 수 있다. 사
실 두 주장 중 어느 것이 옳고, 그르다고 말하기는 어렵고 정부를
바라보는 시각, 그리고 시대정신의 양상과 관련된 상대적 입장의 차
이에서 비롯된 것이다.

공공재 과다공급 입장의 배경에는 현존하는 정부의 역할이 방만
하고 정부기구가 비대해짐으로써 효율적 자원배분을 제약하고 있다
는 '정부 활동에 대한 불신'이 자리 잡고 있다. 이러한 불신은 긴요하
지 않은 정부 활동을 줄이고 국민부담을 낮춤으로써 정부와 시장 간

자원배분의 효율성이 개선되어야 한다는 입장에서 출발하고 있다.

반면 과소공급론자들은 정부가 응당 당연히 해야 할 일을 여러 이유로 미루고 있다고 지적하면서 정부는 국민의 가치 있는 삶을 보장하기 위해 책무를 적극적으로 이행해야 한다는 입장을 펼치고 있다. 특히 경제적 불균형을 완화하고 국민생활의 최소보장을 위한 정부의 책무를 강조한다.

02

과다공급
입장의 근거

공공재가 국민의 기대욕구에 부응하는 적정 수준 이상으로 공급되고 있다는 입장의 이면에는 정부 활동에 대한 불신이 깔려 있다. 정부 활동은 외부의 특별한 견제장치가 없는 한 불필요하게 팽창하고 있다는 주장의 논리는 다음과 같다.

가. 시장기구의 불안정성에 과민한 대응

시장기구 자체는 원천적으로 불완전한 요소를 갖고 있는데 이러한 불완전한 요소를 보완한다는 명분으로 정부가 광범위하고 지속적으로 대응함으로써 정부 활동이 필요 이상으로 팽창하게 된다는 것이다. 시장기구가 불완전한 것은 어떻게 보면 자연스러운 현상인데, 이러한 불완전성에 대해 과민하게 대응, 빈번한 정부개입으로 귀결됨으로써 공공재 과다공급이 초래될 수 있다는 주장이다. 시장의 실패는 정부개입의 필요조건에 불과함에도 이것을 충분조건으로 간주하는 나머지, 빈번하고 광범위한 정부개입이 이루어짐은 궁극적으로 공공 서비스 과다공급의 빌미를 제공한다고 생각하는 것이다.

나. 다수결 정치제도

제임스 뷰캐넌(James M. Buchanan, 1919~2013) 교수는 다수결제도와 같은 정치적 의사결정방식을 정부 활동 팽창 원인의 하나로 설명하고 있다.[10] 다수결 의사결정 시스템하에서는 사회적으로 공통이익이 뚜렷하지 않은 정부 활동도 정부지출 영역으로 수용될 확률이 높다고 지적한다. 비록 다수의 편익을 창출하지만 공통이익의 필수조건을 갖추지 않은 공공 서비스가 다수결 정치 과정을 거치면서 정부 영역으로 수용된다면, 공공재공급이 필요 이상으로 고착된다고 지적한다.

정부나 정치권이 새로운 공공 서비스를 통해 '수익자 계층'을 형성함으로써 정치적 경쟁에서 이기려는 숨은 동기는 사실 여러 곳에서 발견할 수 있다. 이런 점을 감안하면, 정치 과정에서 유권자들의 주도면밀한 평가·감시 시스템은 불필요한 공공재공급을 차단하는 주요한 주권 행사라고 생각할 수 있다.

---

10 James M. Buchanan & Marilyn R. Flowers, *The Public Finance*(6th. ed.), IRWIN, 1987.

다. 자기팽창적 관료제 행태

정부 활동을 입안·집행하는 관료제는 늘 새로운 일을 만들면서 자기확장의 행태를 보이기 때문에 공통이익(또는 공공이익)은 적지만 다수이익을 창출하는 것이라면 공공 영역으로 수용하는 경향이 있다는 것이다. 이럴 경우 공공재가 과다공급될 수 있는 여지가 발생한다는 주장이다. 아마도 정부조직을 비롯한 대규모 조직이 지니고 있는 행태의 하나로 지적되고 있다. 일을 만들어내야 자신의 존립기반이 확대된다는 대규모 조직의 행태는 늘 정부 활동에 대한 통제의 필요성을 일깨워주는 것이라고 할 수 있다.

라. 사회경제적 요인

인구 증가, 산업화, 도시화, 정보화 등 사회·경제적 요인은 공공재공급의 범위를 증대시키는 배경을 이루고 있다. 이를테면 도시화가 급속히 진전될수록, 과거에는 개인적 차원에서 문제해결을 했던 영역이 공공재 영역으로 편입되고 있음을 목격할 수 있다. 혼잡·공해에 대처하기 위한 새로운 정부 활동, 교통망 확충 등 사회간접자본 건설, 정부의 상하수도공급의 책임, 정보통신 서비스에 대한 공적 규제 등이 이러한 요인에 의거해 정부 활동의 확대가 이루어지는 영역이다. 다만 이러한 요인에 의한 정부 역할의 확대는 공동체의 보편적 수요에 대응하는 노력이라는 점에서 과다공급 또는 비효율성 차원의 문제로 인식하는 것은 오류의 여지가 높다.

마. 재정결정 과정의 기술적 요인

재정결정상의 기술적 요인이 불필요한 공공재공급의 원인이 된다는 주장도 경청할 가치가 있다. 일반적으로 세입이라는 제약조건을 깊이 고려하지 않으면서 세출 위주의 예산편성 관행이 긴요하지 않은 사업을 정부 영역으로 수용하게 만들 수 있다는 지적이다. 일부 재정학자들은 세출예산은 이해관계가 존재하는 특수이익에 의해 좌우되는 힘이 강하게 작용하는 반면 세입예산(또는 조세수입)의 경우 불특정 다수 국민의 추가적 부담에 대해서 고려하는 동인(動因)이 약하다고 지적하고 있다. 이와 같은 형태는 자연스럽게 개별·특수이익과 결부된 세출예산의 증대로 귀결되고, 이는 공공 서비스의 확대로 이어진다는 주장이다.

일부 재정학자들은 세출예산 항목이 세분화되어 있어 종합적 파악이 어렵고 중복 계상(또는 투자)을 찾아내기가 용이하지 않아 세출예산의 확대가 예산결정 과정에서 확인·시정되지 않는다는 시각을 갖고 있다. 이러한 지적들은 기술적 요인에 불과할 수 있지만, 정부 활동의 불필요한 확대를 가능케 하는 암묵적 요소의 하나라는 점에서 경청할 만하다.

03
관료제의 '예산·기구 확대모형'
-낮은 수준의 비용절감 유인

고든 털럭(Gordon Tullock, 1922~2014) 교수는 공공재공급의 확대 가능성을 목표, 의사결정 측면에서 기업가와 관료제의 행태 비교를 통해 설명한 바 있다.[11] 관료제의 확대지향을 강조하는 고든 털럭의 가설은 다소 과장된 측면을 포함하고 있지만 관료제의 자기확장적 행태를 경고하고 있다는 점에서 주목할 만하다.

첫째, 기업가는 이윤극대화를 목표로 삼기 때문에 이를 위해 비용 최소화의 유인을 강하게 갖고 있다. 반면 관료제는 권력(명예, 위세, 직무상 특전 등) 증대의 목표를 갖고 있고 이를 위해 기구·예산을 확대하려는 동기에서 벗어나기 어려워 비용절감의 유인이 높지

---

11 Gordon Tullock, *The Vote Motive*, The Institute of Economic Affairs, 1976, pp.28~33. 강신택, 「재정 기능의 재조정과 행정 기능 관료제도의 개편방향 연구」(한국경제연구원, 1982), pp.83~84에서 재인용.

[표 02] 기업가와 관료제의 행태 비교

구분	기업가	관료제
목적	이윤극대화 ↓ 비용 최소화	권력(명예·위세)의 극대화 ↓ 예산·기구의 확대 (비용절감 유인이 낮음)
시장	경쟁적 시장	독점적(?) 시장
의사결정방식	한계(marginal) 개념 MC=MR	총계(total) 개념 TR=TC
초과이윤 또는 초과수입의 활용방식	초과이윤 ↓ 재투자, 투자자에게 배당	초과수입 ↓ 공공재공급의 확대

출처: Tullock, 재정리.

않다고 진단한다. 관료제의 확대지향적 행태가 온존할 수 있는 것은 공공 서비스의 산출량(특히 사회적 편익) 측정이 어렵고, 관료기구에 의해 독점공급되며, 공공 서비스의 생산함수에 관한 정보를 외부에서 알기 어렵다는 점을 지적한다.

[그림 11]은 관료제가 공공재공급이 적정 수준을 넘어서는 과다공급의 행태를 보일 때 발생할 수 있는 비효율을 표시한 것이다. 어떤 공공재의 수요곡선을 D로, 공급곡선은 공급비용이 산출량과 비례한다고 가정하여 직선 S로 표시했을 때, 정부의 최적 산출량은 Q_*이라고 할 수 있다. 그런데 정부가 공공재의 산출규모를 Q_1으로 늘려 잡는다면 공공재공급과다에 따른 비효율이 발생한다는 것이다. 반대로 적정 수준에 미달하는 Q_2에서 산출량이 결정되면 미달하는 만큼의 비효율이 발생한다는 것이다.

둘째, 기업은 일부 독점적 상황을 제외하고는 경쟁적 시장에서 경쟁에 직면하지만 관료제는 일정한 정치적 조건하에서 독점적 지위

[그림 11] 공공재의 과다공급 가능성

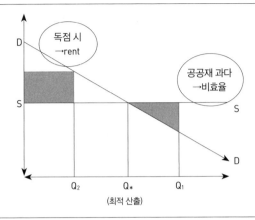

출처: Tullock, Op. cit., pp.30~33.

를 유지한다는 점에서 비용절감 유인에 현저한 차이가 난다는 점이다. 물론 관료제 내부에서의 내부적 경쟁을 가동하지만 제한적일 수밖에 없다.

셋째, 경쟁적 조건에서 기업은 한계비용(MC)이 한계수입(MR)에 일치하는 점에서 결정이 이루어진다는 가설이 용이하게 성립될 수 있는 반면 관료제는 총비용(TC)이 총수입(TR)에 이르는 수준에서 결정이 이루어질 수 있다는 가능성을 지적하고 있다. 관료제는 확보할 수 있는 수입에 맞추어 지출결정을 한다는 점에서 비용절감 유인이 낮다고 판단하는 것이다.

넷째, 기업은 초과이윤이 발생하더라도 내부유보와 투자자에 대한 배당을 통해 재투자의 유인이 존재하나, 관료제는 초과수입이 발생할 경우 기구 확대나 예산 증대를 통한 공공재공급의 확대를 도모할 가능성이 존재하고 이는 비효율적 재정운영으로 귀착될 수 있다는 것이다.

기업가와 관료제의 형태에 관한 비교는 이분법적 대비(對比)의 특성상 일반화의 오류가 있을 수 있다. 그러나 이익 극대화에 매진하는 기업가의 명백한 비용절감 유인에 비해 관료제는 그러한 유인이 뚜렷하지 않음은 분명하다. 다만 공공적목표 달성을 추구하는 관료기구의 성격상 비용절감이 항상 최선의 가치추구라고는 말할 수 없지만 특별한 외부 자극이 없는 한 관료기구가 자발적으로 효율화 노력에 매진하기 어렵다는 명제는 부인할 수 없다. 그런 만큼 공공재공급의 범위와 개별 공공 서비스의 양적 수준이 적정규모를 넘지 않도록 정치적, 시민적 평가가 긴요하다는 점을 말해주고 있다.

04
과소공급 입장의
근거

공공재가 과소공급되고 있다는 입장은 국민의 가치 있는 삶을 보장함에 있어 1차적인 책임이 정부에 있다는 문제의식을 배경에 두고 있다. 효율을 근간으로 하는 시장기구의 태생적 한계를 극복하기 위해서는 국민의 기본 삶을 보장하는 데 정부 역할이 최후의 보루가 되어야 한다는 인간주의적(humanitarian) 믿음이 내재되어 있다고 볼 수 있다. 이러한 입장은 사회심리적 측면, 보상관계적 측면, 투표행태적 요인 등으로 나누어 설명할 수 있다.

가. 사회심리적 측면

진보적 지식인 존 K. 갤브레이스 교수는 1960년대 의존효과(dependence effect) 개념을 원용, 사적재는 상호의존효과로 인해 소비가 진작되는 경향이 뚜렷하지만, 공공재는 그렇지 못한 결과, 공급이 사적재 시장에 비해 항상 불균형한 상태에 머무르고 있다고 지적했다.[12] 특히 사적재 시장의 경우, 광고 등을 통해 상호의존성을 자극, 소비자의 선호를 유도하는 데 비해 정부부문은 미온적·정태적이기 때문에 자연스럽게 정부와 시장 간의 불균형이 가시화된다는 것이다.

존 K. 갤브레이스 교수는 공공재공급의 확충을 위한 추가적 역할을 통해 공공·민간 간 균형을 확립하는 것이 풍요로운 사회(affluent society)로 나아가는 첩경이라고 강조했다. 존 K. 갤브레이스 교수의 주장은 미국 민주당 정강정책의 한 부분이 되었을 뿐 아니라 진보적 지식인들의 핵심논제로 인용되곤 하였다.

나. 보상관계적 측면

미국의 재정학자 리처드 머스그레이브 교수는 보상관계의 측면에서 공공재 과소공급의 원인을 지적했다.[13] 사적재는 개별적 보상의 원칙에 의거하여 자원배분이 이루어지는 데 반해 공공재는 부담과 혜택 간에 연계가 없는 '일반적 보상관계'의 성격을 띠고 있다고 설명한다. 일반적 보상관계의 특성을 지니고 있는 공공재에 대해서 소비자인 국민들이 그 편익을 과소평가하는 경향이 있는 결과, 자연스

---

12 John K. Galbraith, *The Affluent Society*, Houghton Mifflin, 1958.

13 Musgrave, Op. cit., p.117.

럽게 정부의 공공재공급에 대한 기대와 재원부담에 소극적이라는 것이다.

소비자가 시장에서 재화나 서비스를 구입할 때 자신이 지불하는 가격에 상응하는 편익을 얻는다는 인식이 일반화되어 있는 데 비해, 공공재의 공급으로 인한 편익이 자신의 비용지불과 무관하다는 인식이 암암리에 내재되어 있다는 것이다. 이러한 인식이 잠복되어 있을수록 공동소비적 성격을 띤 공공재에 대한 집합적 수요표출이 둔감하고 더디게 나타난다는 점을 지적한 것이다.

이러한 인식이 유권자인 국민들의 의식 속에 깊이 자리 잡을수록 새롭게 대두하는 공공수요에 대응하는 정부의 역할 모색이 난관에 부딪힐 수 있다는 점을 간과해서는 안 된다. 특히 이러한 인식이 조세부담에 소극적인 부정적 납세의식과 결부된다면 바람직한 정부역할의 모색은 더욱 어려움을 겪게 될 수 있다.

다. 투표행태적 측면

투표자인 국민들의 상당수가 정부 활동이 창출하는 편익에 대한 정보가 부족하고 공공지출의 중요성을 제대로 인식하지 못하는 나머지, 정치적 선택(투표) 과정에서 작은 정부, 적은 부담을 지지하는 정치적 성향이 존재한다는 사실을 공공재 과소공급 원인의 하나로 지적한다. 이러한 주장을 펼치는 대표 학자의 한 사람인 앤서니 다운스(Anthony Downs, 1930~) 교수는 '합리적 무지(rational ignorance)'라는 개념을 통해 유권자인 국민들이 가지고 있는 정부 활동에 대한 무관심을 지적하고 있다.[14] 앤서니 다운스는 유권자들이 "정부 활동의 비용과 편익에 대해 알려고 하지 않는 것이 합리적"이라고 생각하는 경향이 있다면서, 이러한 경향으로 인한 정부 활동에 대한 무지(ignorance)가 궁극적으로 새로운 공공사업에 대한 소극적 태도의 뿌리가 되고 적정한 정부 활동을 가능하게 하는 적정 재정규모 결정을 제약한다고 분석했다.

---

14 Anthony Downs, *An Economic Theory of Democracy*, New York: Harper & Row, 1956.

05
어떤 기준에서 적정 수준을
판단할 것인가?

　정부의 활동이 과다공급 수준인지, 과소공급 상황인지를 판별하기는 결코 용이하지 않지만, 기본적으로 국민경제의 부담역량(fiscal capacity) 수준, 국민경제의 안정적 성장 궤도에 있어 정부의 바람직한 개입의 범위, 그리고 정부의 역할에 대한 국민적 기대를 가름하는 시대정신에 좌우된다고 말할 수 있다.

가. 현재와 미래의 국민경제의 부담역량

　현재의 정부 활동을 유지하는 데 필요한 조세부담이 적정 수준인지에 대한 판단이 우선 고려해야 할 변수이다. 국민들이 현재의 조세부담을 감내하기 어려운 상황이라면 정부의 역할 증대에는 분명 재정적 제약이 존재할 수밖에 없다. 이럴 경우 자연스럽게 정부규모가 적정 수준을 넘어섰다는 입장이 지배적이고 정부규모를 줄이려는 압박요인으로 작용할 수 있다. 그렇기 때문에 정부가 새로운 역할을 모색해야 한다는 주장의 입지가 좁아지게 된다. 추가적 부담의 가능성은 분명 국민경제의 부담여력(revenue reserve)이 존재할 때 논의가 활성화될 수 있다. 만일 잠재적 부담역량을 능가하는 추가 조세부담이 설계된다면 조세저항의 가능성을 충분히 예견할 수 있기 때문이다.

이에 그치지 않고 중장기적 관점에서 국민경제의 부담역량을 예측하는 노력도 병행되어야 한다. 복지제도의 확장은 중장기적 관점의 재정력이 뒷받침되어야 가능하기 때문이다. 결국 현재의 부담 수준에 대한 객관적 진단과 미래의 추가적 부담의 가능성에 대한 예측이 미래 정부 활동의 범위를 결정해주는 객관적 요소의 하나라고 볼 수 있다.

나. 국민경제의 안정적 성장을 제약하지 않는 조건

정부 역할을 증대시키려는 노력은 국민경제의 안정적 성장과 양립될 때 그 의미가 유효하다고 볼 수 있다. 정부 역할의 증대를 모색하기 위해서는 추가 재원 확보 노력이 긴요한데, 만일 증세 노력이 경제주체의 경제 활동을 '뚜렷이' 제약하는 상황이라면 분명 정부 활동의 증대에 대한 구상은 재론될 수밖에 없다. '국민경제의 안정적 성장'은 정부의 정책목표의 하나임이 분명할 뿐 아니라 안정성장 목표가 달성될 때 추가적 세수 확보 노력(additional tax effort)이 가

[그림 12] 공공재공급에 대한 입장에 영향을 끼치는 요소

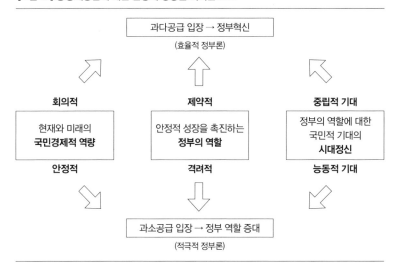

능하기 때문이다. 다만 개별 경제주체의 경제 활동에 현저히 영향을 줄 것인지에 대한 예측과 판단이 결코 용이하지 않고, 객관적 분석과 전망에 의존해야 하는 한계를 안고 있다.

결국 국민경제의 안정적 성장 궤도에 괄목할 만한 제약을 안기지 않는 범위 내의 증세 노력을 모색하는 것이 현실의 정치적 의사결정에서 공감대를 형성하기가 용이하다는 점을 간과해서는 안 된다.

다. 정부의 역할 증대에 대한 국민적 기대와 시대정신

정부의 추가적 활동에 대한 국민적 기대욕구는 '정부의 공공재공급이 바람직한 수준에 이르지 못하다'는 입장의 가장 중요한 동력원이다. 특히 경제적 불평등 개선에 대한 국민적 기대는 정부의 역할

모색에 있어 우선순위를 점하는 정치적 요구임이 틀림없다. 이러한 정치적 요구는 정부의 폭넓은 개입으로 인한 자원배분의 왜곡에 대한 우려나 조세부담역량에 대한 객관적 판단의 차원을 능가하는 정치적 결단(determination)의 문제라고 볼 수 있다.

이러한 결단은 국민경제의 안정적 성장에 대한 장기적 신뢰와 추가적 부담을 가능케 하는 잠재적 부담 능력의 존재에 대한 전망이 뚜렷할수록 정치적 논란을 완화할 수 있다. 반면 그러한 전망이 회의적일수록 정치적 결단에 도달하기가 어렵다는 점에 유념해야 할 것이다.

06
적정 재정규모
논쟁

우리나라 현재의 재정규모가 바람직한 수준인가에 관한 논의가 재정학자들 사이에서 종종 논의되곤 한다. 적정 재정규모는 조세 수입이 재정수입의 대종을 이루고 있는 한 적정 조세부담률 수준과 동일한 차원의 주제라고 해석할 수 있다. 우리나라의 재정규모는 2016년 기준으로 GDP 대비 24.0%로 추계되고 있고, 조세부담률은 2016년 기준 GDP 대비 18%에 이르고 있다.[15]

선거를 전후하여 '큰 정부', '작은 정부' 논쟁이 대두하곤 하지만 사실 바람직한 재정규모를 말하기는 결코 용이한 일이 아니다. '큰 정부론'이 국민의 기대에 부응하는 구도라고 반드시 말할 수 없는

---

15 국회예산정책처가 전망한 2016년도 우리나라 경상GDP는 1,610.9조 원이므로 2016년 중앙정부의 총지출 386.4조 원은 GDP의 24.0%를 차지하는 것으로 추계되고 있다.

것처럼 '작은 정부론'이 국가경쟁력을 반드시 향상시킨다고 말할 수 없다. 정부의 규모에 관한 선택은 다양한 사회경제적, 정치적, 역사적 변수에 의해 좌우되기 때문에 어디까지나 상대적 논의에 머무는 것이고, 논의 시점이 어떠한 정치·경제적 상황이냐에 따라 정치적 선택으로 귀결될 수 있는 문제이다.

일반적으로 바람직한 재정규모는 정치이념, 경제의 발전단계, 국민의 조세부담역량, 그리고 공공 서비스에 대한 기대욕구의 강도와 우선순위에 좌우되는 문제라고 생각할 수 있다.

가. 정부의 역할에 대한 정치이념

정부의 역할에 대한 정치이념은 적정 재정규모를 가늠하는 데 있어 중요 요소의 하나로 간주된다. 이른바 '적극적 정부론'에 입각하여, 추가적 부담이 안겨지더라도 국민의 다양한 욕구를 수용하는 것이 정부 존재의 의미를 보다 살릴 수 있다는 주장이 한 축을 형성하고 있다. 이러한 입장에서는 당연히 '큰 정부'를 선호한다. 영국의 노동당, 독일의 사민당, 미국의 민주당 등이 이러한 입장에서 바람직한 재정규모와 조세부담률을 제시하는 경향이 있다.

이러한 주장에 즉각 반발하는 사람들은 '큰 정부'가 안고 있는 방만한 재정운영에 따른 비효율성을 지적한다. 더 나아가서 정부가 더욱 많은 역할을 수행하는 비용이 바로 국민의 추가적 조세부담이라는 점을 강조하면서, 추가적 조세부담이 야기하는 사회적 비용을 능가하는 새로운 정부 활동의 편익을 낮게 평가하고 있다. 이러한 추가적 비용과 추가적 혜택의 차이만큼 국민경제의 비효율이 야기 된다는 점에서 '작고 효율적인 정부'를 선호한다. 영국의 보수당, 미 국의 공화당 등이 이러한 기조하에서 재정정책을 설계한 바 있다.

나. 국민경제의 조세부담역량

국민경제의 조세부담역량은 어떤 나라의 적정 재정규모를 설정하 는 데 있어 고려해야 할 중요한 제약조건이다. 설령 국민 과반수의 동의 영역을 확보할 수 있는 '재정 역할 증대 구상'조차 조세부담의 증대가 순조롭게 이루어지지 않는다면 무위에 그치고 말 수 있다. 국민경제의 조세부담역량을 측정하는 일은 결코 간단하지 않다. 추 가적 조세부담이 개별 경제주체의 경제적 의사결정(예: 투자, 소비 등)을 현저하게 변화시킴으로써 국민경제에 주름살을 안겨준다면, 바람직한 증세 노력이라고 말하기 어렵다.

추가적 조세수입 확보 노력은 항상 납세자들의 조세저항에 직면 한다는 사실을 과소평가해서는 안 된다. 개별 경제주체의 경제적 행동을 크게 변화시키지 않는 범위 내의 증세 노력이라야만 재정 역할 증대가 모색될 수 있다. 이러한 전제조건을 고려할 때 '조세부 담의 증대→정부의 활동범위 확대'로 연결되는 재정 의사결정에 있 어 국민적 공감대 형성이 필수불가결이라는 점을 철저히 인식해야 한다.

다. 정부의 역할에 대한 국민의 기대욕구

정부의 활동에 대한 국민의 기대욕구의 강도가 재정 역할 증대에 영향을 줄 수 있다. 위급한 국가안보 상황에 대처하기 위한 방위비의 증대 요구, 사회적 약자에 대한 복지지출의 증대 요구가 강력히 대두될 경우 증세 노력, 그리고 이어지는 재정규모의 확대가 모색될 수 있다. 재정의 역할과 규모에 관한 결정이 정치적 의사결정의 성격을 띠고 있는 한, 정치적 결정에 투입될 수 있는 국민적 기대의 '힘'이 궁극적으로 국민적 기대를 수용하는 데 영향을 줄 수 있다.

이 과정에서 논란의 핵심이 되는 것은 다름 아닌 복지지출 확대 요구이다. 사실상 현대정부의 재정규모를 결정하는 핵심변수가 사회적 약자에 대한 안전망을 확충하는 정부의 복지지출의 구조와 수준이라고 말할 수 있다. 사실 많은 국가의 국가채무 증가와 공공재정 팽창이 복지부문 수요 증대에 기인한 것이라는 점에서 우리나라의 재정규모 논쟁도 이러한 요인에 의해 지속적으로 전개되고 있다.

라. 경제발전단계

경제발전단계에 따라 국가의 재정규모와 구조도 자연스럽게 변화하는 경향을 띠고 있다. 국민소득 1만 달러 시대에는 재정지출 중에서 방위비 비율이 높고, 사회간접자본 형성에 배분되는 규모가 클 수밖에 없었다. 그러나 2만 달러 시대, 3만 달러 시대에 근접하면서 다양한 복지수요에 대응해야 하는 재정의 몫이 커지게 된다.

국민생활이 향상되면서 교육, 의료, 주거, 환경에 대한 정부지출 확대와 저소득층에 대한 기초생활보장 요구가 점증하고 재정이 이러한 요구를 수용해야 할 필요성이 높아지게 된다. 경제발전이 진행될수록 이러한 분야에 대한 국민들의 보편적 요구가 커지게 되고, 이럴수록 조세부담 증대의 제약을 안고 있는 재정의 규모 증대에 대한 정치적 선택의 어려움은 가중될 수밖에 없다.

07

'효율적 정부론'과 '적극적 정부론': 가치선택의 문제

가. 과다공급 입장→효율적 정부론, 과소공급 입장→ 적극적 정부론

정부의 공공재공급에 대한 두 입장(과소공급 입장, 과다공급 입장)은 각기 효율적 정부론과 적극적 정부론으로 귀결된다. [표 03]은 공공재공급에 대한 입장이 각기 효율적 정부론과 적극적 정부론으로 귀결되고 있음을 표시한 것이다.

공공재의 과다공급 입장은 정부의 공공재공급의 내용과 수준이 '적정선'을 넘어서고 있어 불필요한 개입과 공공재원의 비효율이 내포되어 있다는 비판과 일맥상통하는 것이다. 특히 이로 인해 국민들의 조세부담이 과중하다는 문제인식이 이면에 자리 잡고 있다. 이러한 입장은 자연스럽게 효율적 정부론 주장의 출발점이 된다고

[표 03] 공공재공급의 두 입장에 입각한 '효율적 정부론'과 '적극적 정부론'

공공재공급	정부운영에 대한 비판의 논리	지향점	
과다공급 입장	비효율적 운영 과중한 조세부담	효율적 정부론	정부 활동의 구조조정
			조세부담의 유지 또는 감세
과소공급 입장	공통이익 실현의 미진 경제적 불평등의 방치	적극적 정부론	복지지출 확대
			조세부담의 증대

말할 수 있다. 추가적 조세부담에 대한 엄격한 판단에 기초하여 시장의 효율적 자원배분을 제약하는 정부 활동에 대해서는 엄정한 입장을 취하면서 정부의 역할 증대에 대한 국민적 요구에 대해서는 정부의 책임과 개인의 책임을 균형 있게 배려하는 것이 바람직하다는 것이다.

　공공재 과소공급 입장은 정부의 공공재공급의 내용과 '질'이 국민의 공적 기대욕구에 미치지 못하고 있다는 점을 지적한다. 특히 경제적 불평등을 완화하는 데 있어 기존의 정부 역할이 바람직한 수준에 이르지 못하고 있음을 비판한다. 이러한 입장은 불평등을 완화함에 있어 정부의 적극적 개입의 불가피성을 지지한다. 더 나아가서 정부가 제대로 역할을 수행하기 위해 필요한 재원조달(추가적 조세부담)에 대한 가능성을 적극 모색해야 한다는 입장이다. 공공재 과소공급론은 정부의 적극적 개입의 불가피성을 지지하면서 시대정신에 부응하는 정부의 추가적 역할이 바람직하다는 적극적 정부론의 토대가 되고 있다.

나. 가치선택의 문제: 효율과 형평, 개인주의와 공동체의 연대감

효율적 정부론의 입장은 기존 정부 활동과 개입에 대한 광범위한 혁신을 통해 우선순위가 낮은 정부 활동을 재조정하는 노력을 강조한다. 반면 적극적 정부론자들은 당면한 국민적 기대에 부응하는 정부의 적극적 대응을 당위론적 관점에서 주장한다.

그러나 두 입장은 곰곰이 따지고 보면 어떤 가치를 중시하느냐에 따라 문제의 진단과 대응방식이 상이하게 제시될 수밖에 없는 가치판단의 문제라고 볼 수 있다. 공공재 과다공급론과 이에 기초한 효율적 정부론은 개별 경제주체의 자유로운 활동을 보장함으로써 국민경제발전의 근원적 동력원을 진작하는 것이 바람직하다는 개인주의적 가치를 중시하는 것이라고 볼 수 있다.

반면 공공재 과소공급론과 이에 기초한 적극적 정부론은 국민의 기대욕구에 부응하여 정부가 공적 활동을 적극 수행하고 개인 간 경제적 불균형을 완화(또는 치유)함으로써 공동체 구성원의 기초생활을 보장하는 것이 공동체의 가치증진에 기여하고 궁극적으로 사회적 산출을 증대시킬 수 있다는 공동체 중심의 가치지향이 잠복되어 있다고 말할 수 있다.

요컨대 두 입장은 각기 효율과 형평, 더 나아가서 '개인적 효율'과 '공동체적 연대(또는 사회적 효율)'라는 상반된 가치지향을 이념적 토대로 삼고 있다.

다. 현실의 정치 과정에서 '효율적 정부론'과 '적극적 정부론'의 혼재

현실의 정치 과정에서는 상기한 '효율적 정부론'과 '적극적 정부론'이 혼재하고 있다. 이를테면 '효율적 정부론'을 근거로 정부혁신을 요구하면서, 또 다른 측면에서는 경제적 불균형을 개선하기 위해 적극적 정부개입을 주창하기도 한다. 주요 정당들이 국민들에게 효율적 정부론과 적극적 정부론을 동시에 제시하면서 이른바 혼재된 선택(mixed decision)의 상태에서 정치적 결정이 이루어질 가능성이 있다. 그렇다면 미래 정부 역할의 변화와 쇄신이 선거 과정에서 합리적으로 선택될 것을 기대하기가 어렵게 된다.

여기에 조세부담의 문제가 결부되면 혼선은 더욱 커질 수 있다. 이를테면 국민조세부담을 경감해야 한다는 공약을 제시하면서 적극적 정부 활동을 다짐한다면 정치 과정에서 정부 활동의 바람직한 방향에 대한 국민들의 선택은 혼선을 빚을 수밖에 없다. 이러한 정치적 선택이 반복되면 바람직한 정부의 역할과 건강한 국민경제의 발전이 분명하고 일관된 정책기조에서 이루어질 수 없음은 여러 국가의 사례를 통하여 확인할 수 있다.

08

'효율적 정부론', '적극적 정부론'
논쟁의 뿌리
─ 적정배합을 위한 사회적 지혜의 필요성

가. 공적 가치추구에 있어 '개인의 책임'과 '국가의 책임'

공적 수요의 범위를 책정하거나 공적 수요에 대응하는 정부의 역할을 설정함에 있어 근원적 출발점이 되는 기준의 하나는 공적 가치가 존재한다고 간주되는 공공수요에 직면하여 어느 선까지가 개인의 책임인지, 또한 개인의 책임을 넘어서는 사회의 책임(또는 공공의 책임)이 어디까지인지에 대한 판단이다.

개인의 책임을 중시하는 논자들은 정부의 책임은 자연스럽게 보완적인 수준에 머무르는 것이 바람직하다는 입장을 펴는 반면 공공의 책임을 강조하는 논자들은 공동체 구성원 모두에게 고른 혜택을 줄 수 있도록 포괄적인 정부의 책임을 주장한다.

이러한 논의는 서비스의 유형에 따라 사적·공적 책임의 배합에 차이가 나는 것이 사실이다. 순수공공재 영역 서비스는 정부가 서비스 공급의 주된 책임이 있다는 사회적 동의 영역이 형성되지만, 보건·의료·교육·환경을 비롯한 복지분야는 개인과 정부의 책임이 혼재되어 있어 바람직한 정부 역할의 범위와 수준에 대해서 논쟁이 지속적으로 전개되고 있다. 특히 국민 개개인의 기초생활을 보장하기 위한 현금이전지출(cash transfer payment)의 경우 이러한 논란은 정치적 결정 과정에서 쉽게 합의를 찾지 못하고 유보되는 양상을 목격할 수 있다.

나. 불평등의 뿌리에 대한 사회적 인식

불평등의 기원을 어디에서 찾느냐에 따라 복지증진을 위한 정부개입의 강도와 당위성의 정도가 달라질 수 있다. 사회에 존재하는 경제적 불평등을 개인의 역량과 여건에 뿌리를 둘 것인지, 아니면 사회적 환경이 산출해낸 결과에 둘 것인지에 따라 정부개입의 양상이 달라질 수 있다.

고도의 철학적 성찰이 필요한 주제임이 틀림없으나, 불평등의 기원을 개인의 차원에 두는 논자들은 불평등 개선을 위한 정부의 역할에 일정한 거리를 두려 하고 있다. 개인의 경제적 환경은 자신에 고유한 문제로서 이러한 개인적 상황을 정부가 공적 권위를 통해 다수의 사회적 관점에서 해결하려는 것은 개인주의적 가치 기준에 부합하지 않기 때문이라는 것이다.

반면 경제적 불평등을 사회적 자원배분의 결과로 간주하는 학도들은 개인의 역량 차이를 인정하더라도 사회의 제도와 환경이 개인 간의 불균형을 방치·확대하고 있다고 믿고 있다. 이런 믿음에 근거하여 개인 간 불균형을 완화·개선하는 과업을 국가공동체 공동의 책임이라고 간주한다. 자연히 불균형 완화를 위한 적극적 정부개입이 바로 정부 존재이유의 하나이며 '공동선'을 향한 공공의 지향점이라고 지적한다.

다. 가치의 적정 배분을 위한 정치적 결정

효율적 정부론과 적극적 정부론 공히 나름의 이론적 논리와 이념적 배경, 그리고 역사적 함의를 지니고 있다. 어느 한쪽 입장이 절대적으로 우월하다고 볼 수 없고 시대정신과 특정 시점의 정치적 선택에 의해 두 가치의 배분비율이 변한다고 말할 수 있다.

흔히 말하는 진보론자들이 적극적 정부론에 기울어져 있는 반면 보수론자들이 효율적 정부론에 근접해 있다고 해석할 수 있다. 그러나 이 두 입장은 시간이 흐를수록, 또한 정치적 경쟁이 치열해질수록 서로 근접하면서 경계가 애매해지는 경향이 있음을 부인하기 어렵다. 두 입장이 각기 국민적 기대욕구에 부응하는 공감대 영역을 담고 있고 국민적 기대욕구를 반영해야 하는 정치적 동력원이 존재하기 때문이다.

아울러 정부 활동이 내포하고 있는 제도적 맥락을 고려하면 두 입장의 상대적 차이는 좁혀지는 경향이 있다. 사실상 정부의 대부분 활동은 복지지출을 포함하여 현존하는 법이 뒷받침하는 제도를 통하여 이루어지고 있어, 이미 현존하는 제도적 틀 속에 두 입장이 함께 투입되어 있다는 사실을 간과해서는 안 된다.

이런 점에서 효율적 정부론과 적극적 정부론이 내포하고 있는 정책 지향점의 차이는 상대적이라고 말할 수 있다. 더 나아가서 두 입장 간의 차이는 규범적 측면에서는 현저한 차이가 있을지라도 실제의 정책의 입안·집행단계에서는 '방향과 속도의 차이'만 존재하고 경우에 따라서 그 차이가 한계적 수준에 불과할 수 있다.

09

적정 정부 역할의 정립을 제약하는 요소의 극복
−정부 활동의 고정성, 재정지출의 경직성, 기대의 이중성의 극복

가. 제도적 측면에서의 정부 활동의 고정성

사실상 현존하는 정부 활동은 많은 영역이 고정되어 있어 기존의 정부 활동을 줄이거나 새로운 활동을 시작하는 범위는 제약되어 있다. 일반인들은 정부 활동의 새로운 방향을 제시한 새 정부가 들어서면 무엇인가 달라질 것이라는 기대를 접지 않고 있다. 그러나 정부 활동의 새로운 방향을 실천할 정부 활동의 내용은 기존의 제도적 틀 속에서 형성되어야 할 뿐 아니라 경우에 따라 기존의 틀을 바꾸어야 하는 제약에 직면할 수밖에 없다. 이른바 특정 정당 또는 특정 정권의 이념적 지향이 현실의 제도적 장치를 통해 중화(neutralization)될 수 있다는 점을 간과할 수 없다.

새로운 정부의 정책기조 변화가 내포하는 분위기는 뚜렷이 바뀔 수 있으나 정책 내용의 가시적 변화는 새로운 제도를 형성하는 데 시간이 상당히 걸릴 뿐 아니라 정치 과정에서 공감대를 만들어내야 한다. 만일 결정 과정에서 정치적 공감대가 형성되지 않는다면 정부 활동의 조정이 어렵게 됨은 자명하다. 대부분 정부 활동은 기존의 법령과 예산구조에 고정되어 있어, 이러한 '고정성'에서 벗어나 정책 선택의 여백을 만들어내는 것이 '효율적 정부론' 아니면 '적극적 정부론'에 기초한 개혁을 이루어내는 출발점이라고 말할 수 있다.

나. 정부지출의 경직성과 협소한 재량적 지출의 타파

단기적 측면에서의 정부 활동의 고정성은 재정의 경직적 구조를 통해 설명할 수 있다. 어느 나라를 막론하고 국가재정은 이른바 법령·계약·관행에 의해 의무적으로 지출되는 비율이 사실상 95%를 넘어서고 있다고 해도 과언이 아니다. 그만큼 정부의 재량 선택에 의해 지출될 수 있는 범위는 협소하다. 이를테면 기존 예산규모의 범위 내에서 새로운 사업을 도입하려면 기존 지출구조 내에서 일부 사업의 삭감이 불가피한데, 기존사업도 사실상 법령 또는 국민과의 약속에 의해 책정되어 있기 때문에, 삭감 노력 역시 상당 수준의 제약에 직면할 수밖에 없다.

그런데 "정부 활동이 고정적이고 제도적 맥락에서 운영되고 있어 변화의 범위가 제한되어 있다"는 사실을 국민들은 물론 정치권 인사들도 지나치는 경우가 많다. 전직 대통령 한 분이 대통령 취임 후 얼마 지나지 않아 "내가 쓸 돈이 이렇게 없을 줄은 미처 몰랐다"고

토로했다는 사실은 현존하는 세입·세출 구조에서 재량적 지출이 허용되는 범위가 극히 협소함을 단적으로 표현해준다.

새 정부의 정책기조(예: 복지분야의 적극적 정부 활동)를 펼쳐나가기 위해 기존 활동의 지출규모를 줄이거나, 증세를 통해 추가 재원을 마련하지 않는 한 새 정부의 정책비전을 실천할 영역이 재정적 측면에서는 협소하다는 사실을 확인할 수 있다.

이러한 사실은 정치지도자들이 정부비전과 새로운 정책의 제시 과정에서 제도적 제약과 재정적 한계를 명확히 밝히면서 제약과 한계를 어떻게 극복하면서 공감대를 만들어나갈 것인지를 제시하는 노력이 수반되어야 국민의 기대에 부응하는 정부 활동을 전개해나갈 수 있음을 말해주는 것이다.

유권자인 국민들 역시 정치인의 말과 글이 실천 가능한 제안인지 판별하려는 노력을 기울여야 한다. 국민들의 판별 능력이 높아질수록 정치인의 정책기조와 정부 활동의 방향이 구체성을 띠면서 '즉각 할 수 있는 일'과 '미래에 할 수 있는 일', '세금을 더 거두어야 할 수 있는 일', '할 수 없는 일'을 구분하는 책임 있는 정책경쟁으로 전개될 수 있다.

다. 국민들의 정부 활동에 대한 '기대의 이중성' 극복

A. 재정은 정부의 몫이 아닌 국민의 몫

재정을 정부의 몫이라고 이해하는 국민들이 많다. 그러나 재정은 어디까지나 국민의 몫이다. 궁극적으로 재정에 관한 결정은 국민이 선출한 대의기구를 통해 이루어진다는 점에서 본질적 차원에서 재정운영의 주체는 국민이다. 국민이 어떤 대표자를 선출하고 어떤 요구를 하느냐에 따라 재정에 관한 결정이 좌우되기 때문이다. 국민들이 진정으로 주인의식을 갖고, 재정의 실상을 파악하며 정책의 나아갈 바를 선택한다면 국민의 보편적 기대에 부응하는 재정의 방향과 운영에 다가서게 될 것이다.

B. 정부에 대한 기대와 재원부담의 불일치

그러나 상당수 국민들은 재정에 관한 결정을 자신과는 거리가 있는 별개의 시스템으로 이해하는 경우가 많아 종종 정부에 대한 기대와 세금부담에 대한 불일치가 발생한다.

일부 국민들은 정부가 해주어야 할 일에 대해서는 높은 수준의 기대를 갖고 있는 반면 정부가 마땅히 해야 할 일을 뒷받침할 세금의 부담에 대해서는 소극적이다. 이른바 '정부의 역할에 대한 기대의 이중성'으로 일컫는 현상이 상당수 국민들의 사고패턴에 잠복해 있다.

정부가 해야 할 일에 높은 기대를 걸면서, 그러한 기대를 충족시킬 재원의 부담에 대해서는 소극적인 태도를 보인다면, 정부는 국민의 기대에 부응하는 활동을 할 수 없다. 정부가 국민을 위해서 일할 수 있는 것은 국민들의 세금으로 조성된 재원이 마련되어야 하기 때문이다.

상식적인 사실인데도 상당수 국민들은 세금부담을 의식하지 않은 채 정부가 국민을 위해 보다 많은 일을 해야 한다고 믿고 있고, 그렇지 못하다고 불만을 토로하는 경우를 볼 수 있다. 이러한 불만은 나라살림살이의 기본을 충분히 이해하지 못하기 때문이다. 너무나 자명한 것은 정부가 보다 많은 일을 하도록 요구하려면 세금을 더 내야 하고, 세금을 적게 내려면 정부가 해야 할 일을 줄이고 대신 국민 개인이 스스로 해결해야 된다는 점이다.

C. 대의제(代議制) 의사결정의 한계

정부의 역할과 활동에 대한 기대의 이중성이 존재하는 이유는 재정에 관한 의사결정이 국가의 거대 대의제 시스템에서 집합적으로 (collective action) 이루어지기에 국민 개인의 선호와 최종결정 간에는 괴리가 있을 수밖에 없기 때문이다. 합리적으로 판단하여 이루어지는 개별 경제주체의 선택과 달리 국가의 정책결정은 국민의 뜻이 국가 제도의 틀 속에서 용해되어 집합적으로 이루어진다.

다수결에 의한 정치적 결정의 양상을 띠는 국가재정의 본질에 비추어 국민 개개인이 무력감을 갖게 되는 것은 불가피하다. 이럴수록 더욱 중요한 것은 국민 사이에 퍼져 있는 무력감을 해소하기 위한 대표기구의 적극적인 소통 노력이라고 말할 수 있다. 적극적인 소통 노력이 미흡하면 재정 활동에 대한 무관심은 물론이고 정부의 일에 대한 불신이 자라나게 될 수 있다.

D. 정치권이 기대의 이중성 증폭시킬 수 있어

정치권의 정치적 주장이 국민과 국가재정 시스템 간의 괴리를 크게 할 수 있는 여지가 있다. 자칫 정치권 또는 대의기구 내에서의 정치적 경쟁이 추가적 조세부담을 고려하지 않은 채 국민들의 기대욕구를 촉구하는 상황이 전개되는 경우 국민들의 정부의 활동에 대한 기대의 이중성을 증폭시킬 수 있다. 만일 기대의 이중성을 완화해야 할 정치권과 대의기구가 '정부지출의 확대를 요구하면서 국민부담을 경감할 것'을 주장하는 일부 시민사회의 요청을 부추기거나 방관한다면 국민의 보편적 기대욕구에 부응하는 재정 시스템의 구축이 더욱 어렵게 된다는 점을 간과해서는 안 된다.

5장

왜 정부실패 가능성을
용인하고 혁신에
매진해야 하는가?

01

정부개입의 실패 가능성
-시장의 효율→시장의 실패→정부의 개입→ 정부의 실패 가능성→정부실패의 방지와 치유

시장이 효율적으로 가동하지 못하는 실패 요인이 존재하더라도 당연히 정부개입이 정당화되는 것은 아니다. 시장의 실패는 정부개입의 계기를 마련해주는 것일 뿐, 즉각 개입의 필요성을 의미하는 것이 아니다. 시장의 실패 현상은 정부개입이 필요한지를 판단하는 최초의 단계에 불과할 뿐 결코 필요조건이 아니다. 따라서 정부개입의 필요조건을 충족하려면 당연히 정부개입으로 인한 사회적 편익(social benefits)이 개입으로 인한 사회적 비용(social costs)을 능가해야 한다.

설령 시장이 실패하는 현상이 존재하더라도, 실패를 치유하기 위한 정부개입으로 인한 사회적 비용을 커버하지 못한다면 정부개입은 궁극적으로 사회적 편익의 수준을 떨어뜨리게 되기 때문이다. 사회적 비용은 다름 아닌 정부의 개입에 소요되는 세금과 정부개입으로 인한 자원배분의 왜곡(distortions)을 합한 것이 된다. 이러한 명제는 시장의 실패에 대응한 정부개입에는 개입에 따른 사회적 비용과 창출되는 사회적 편익에 대한 객관적이고 냉정한 분석이 선행되어야 한다는 점을 말해주는 것이다.

더 나아가서 개입의 필요조건이 충족되었더라도 여기에 그쳐서는 안 되고 충분조건을 충족시켜야 한다. 즉 정책과 사업의 선택단계에서 순사회적 편익(사회적-편익사회적 비용의 차이)이 극대화되는 대안을 결정해야 한다.

정부의 개입으로 인한 실패는 바로 이러한 조건들을 충족하지 못할 때 발생한다. 협의로는 필요조건에 부합하지 못함으로써 정부의 실패가 초래되지만, 광의의 정부실패에는 최적의 대안을 선택하지 못해 충분조건을 충족하지 못한 경우도 포함된다.

시장의 실패 ⇒ 정부개입의 계기				
정부개입	:	사회적 편익 〉 사회적 비용	:	필요조건
개입방식의 선택	:	순사회적 편익이 극대화되는 대안	:	충분조건

02
정부실패의
요인들

가. 정부기구의 불완전성과 즉각적 개입의 패턴

　정부의 불완전성은 시장실패에 대응한 정부개입이 정부실패로 귀결될 가능성이 존재하는 근원적인 배경의 하나를 이루고 있다. 법적으로 완비된 정부기구라 하더라도 대규모 인적조직이 안고 있는 불완전성을 내포하고 있음을 부인할 수 없다. 시장의 실패를 감안하여 정부개입이 이루어질 때, 정부의 판단·선택이 완전하다는 전제가 깔려 있다고 볼 수 있다. 그러나 정부를 구성하는 실체도 '사람들의 집합'인 만큼 이런 전제는 비현실적이고 정부의 불완전성을 배제할 수 없다. 그럼에도 '정부'의 존재와 역할을 추상적으로 이해한 나머지 정부의 선택과 결정에서 발생할 수 있는 불완전성을 지나치기 쉽다.

이에 덧붙여 정부기구, 즉 관료제의 행태도 정부실패 요인의 하나로 생각할 수 있다. 정부는 시장의 실패를 예견하거나 발생하면 즉각 대응을 하려는 행동패턴이 존재한다. 정부개입의 유혹(?)이 존재할 수 있다는 점이 과소평가되어서는 안 된다. 정부개입이 필요하다는 확신이 섰더라도 정부는 다양한 개입수단 중 적절한 수단을 선택해야 할 책무가 있다. 만일 정부개입이 필요하다는 객관적 조건을 갖추었더라도 적절한 개입수단을 선택하지 못했거나, 필요 이상의 개입이 이루어지면 정부개입으로 인한 추가 비용이 발생할 수 있다. 정부개입이 어떠한 정책수단을 활용하느냐에 따라 시장의 실패를 적절히 치유할 수도 있고, 오히려 개입의 부작용이 나타날 수도 있다는 점을 간과해서는 안 된다.

만일 정부개입으로 인한 사회적 비용이 개입으로 인한 사회적 편익을 능가한다거나, 더 나은 개입방식이 존재함에도 그렇지 못한 정책수단을 선택한다면 분명 순사회적 편익은 감소할 수밖에 없다. 바로 이러한 부적절한 정부개입이나 과다(또는 과소)한 정부개입이 정부의 실패를 야기하게 된다.

나. 객관적 상황 진단의 오류와 미래예측의 불확실성

'시장의 실패'가 존재한다고 할 때, 실패의 원인과 대응방식을 객관적으로 파악하는 작업이 결코 용이하지 않다. 관료기구의 개입유인이 없다고 가정하더라도 현실에 대한 냉철한 진단은 결코 용이하지 않다. 인간사회의 일일진대 진단 과정에서 오류의 가능성은 존재하기 마련이기 때문이다. 더 나아가서 적절한 개입방식을 도출하는 데는 미래를 어떻게 전망하느냐의 제약조건이 따르기 마련이다. 미래예측은 문자 그대로 불확실성과 위험성을 내포한다. 이러한 현실적 상황은 자연스럽게 정부개입이 정부실패를 야기할 수 있는 가능성을 열어두는 것이다.

'부동산시장의 과열'이라는 시장기구의 불완전성을 개선하겠다고 정부가 섣불리 부동산시장대책(예: 양도소득세 중과, 거래신고·허가제 등)을 내놓았다가 부동산시장 과열을 막기는커녕 오히려 주택임대료 상승이나 부동산가격 상승을 야기함으로써 정부개입의 실패가 초래되었던 사례를 기억해야 할 것이다.

따라서 정부개입의 과정에서, 시장상황에 대한 객관적 진단과 냉정한 미래예측이 정부실패를 줄일 수 있는 방안이라는 사실을 간과해서는 안 된다.

다. 정치적 경쟁과 정치적 동기

민주주의국가에서 정치적 경쟁은 자연스러운 일이다. 그러나 정치적 경쟁이 치열할수록 정치적 동기에 의한 즉각적이고 빈번한 정부개입이 이루어질 확률이 높다. 이런 상황에서 정부개입이 정부실패로 이어질 수 있는 여지는 늘 존재한다고 볼 수 있다.

과열된 정치적 경쟁에서, 주요 정파들은 시장의 실패가 발생했다고 판단하면 대의기구를 통해 정부개입을 요청하고, 정부는 그러한 요구에 순응하거나 특단의 대책 마련에 주력한다. 민주주의 정치 시스템이 가동하는 한 정치권의 투입과 행정부의 대응은 항상 가동할 수밖에 없다. 다만 이러한 시스템이 선순환으로 귀결되지 않고, 지나친 정치적 동기에 경도될 때 정부개입의 실패 가능성은 상존한다고 볼 수 있다.

정치적 동기가 보다 나은 시장과 정부 간 역할 배분을 유도할 수 있지만, 부분이익·개별이익으로 경도되면 일정한 시간이 지나 정부실패가 야기될 수 있다는 점을 등한시해서는 안 된다. 정치적 동기에 의한 정치권의 요구는 요구의 투입 과정에서 단기적으로 지지자 그룹의 지지를 받을 수 있지만 궁극적으로 정부개입으로 인한 정부실패에 대해서는 책임을 지지 않고, 정부개입을 실행하는 정부가 책임의 중심에 서 있을 수 있기 때문이다.

라. 국민의 무관심과 체제에 대한 무력감

상당수 국민들의 정부 활동에 대한 무관심은 정부실패의 토양이 될 수 있다. 시장의 실패에 대한 객관적 진단과 정부개입의 당위성에 대한 주권자인 국민의 정치적 무관심은 대의기구·관료제의 정부실패에 대한 책임을 희석시킬 소지가 있다. 이런 정치문화가 개선되지 않는 한 정부실패는 치유되기보다 반복될 가능성이 높다.

더 나아가서 일부 국민들은 대의제도와 정부 시스템이 문제해결에 주력해줄 것이라는 기대를 아예 갖지 않는 일종의 무력감을 떨치지 않고 있다. 일부 국민들은 정치·정부기구를 마치 공룡(leviathan)이라고 생각해 자신들의 의견투입이 무의미하다고 믿고 있다. 주권

자인 국민들의 정치·정부 시스템에 대한 신뢰가 견고해질수록 정부
실패를 방지하거나 치유할 수 있는 정치적 힘이 모아진다는 믿음이
뿌리내려야 한다.

03
정부실패의 치유와
정부혁신

가. 정부실패 가능성의 상존(常存)

시장의 실패를 치유하기 위한 정부의 개입은 또 다른 정부의 실패를 야기할 가능성이 상존하고 있다. 정부의 개입이 적절한지에 대한 판단에 오류가 생길 가능성이 높고 오류가 생긴다면 '정부의 실패'라는 또 다른 사회적 비용을 안게 된다. 정부개입의 여부와 방식은 궁극적으로 정치 과정을 통해 이루어지기 때문에 정치적 동기와 이해관계에서 자유롭지 않은 상태에서 정부개입이 현실화될 가능성을 배제할 수 없다. 더 나아가서 시장의 실패를 치유하기 위해 정부개입의 대안을 마련하는 과정에서 불확실성에 직면하게 됨은 자명하다. 정부개입은 제한된 정보와 미래 상황에 대한 전망의 한계로 인해 자연스럽게 예기치 않은 제약조건과 국민경제적 역기능에 마주칠 수 있다. 정치적 변수와 미래의 불확실성 속에서 '시장의 실패 치유' 명분으로 이루어지는 정부개입이 정부의 실패를 안겨줄 수 있다는 사실을 간과하지 않을수록 정부실패의 개연성은 낮아진다.

나. 정부실패 가능성에 대한 두 입장: 우려? 낙관?

20세기 후반 들어 '시장의 실패에 대응한 정부의 개입 필요성'과 '정부의 개입에 수반되는 정부실패 가능성'에 대한 논쟁이 제기되었다. 이른바 시장중시론자들은 시장의 실패가 발생하더라도 정부의 개입은 절제되거나 최소한도의 개입에 그쳐야 된다고 주장한다. 일부 극단적 시장주의자들은 "정부개입이 초래하는 '악(惡)'(?)보다 시장의 실패를 방관하는 것이 차라리 '선(善)'(?)에 가깝다"는 주장을 펼치기도 했다. 그만큼 빈번한 정부개입으로 인한 정부규모와 재정지출의 확대, 그리고 추가적 조세부담을 경고하는 것이었다.

반면 정부개입을 옹호하는 논자들은 시장의 실패를 치유함에 있어 정부의 적극 개입이야말로 시장경제 체제를 유지, 발전시키는 데 있어 불가피한 역할이라는 점을 강조하면서 정부의 개입은 정부와 시장, 강자와 약자 간의 균형을 도모함으로써 '가치 있는 공동체의 실현'에 다가설 수 있다는 입장이다. 따라서 정부실패가 야기되지 않도록 적절한 정부개입을 도모하는 것이 바람직하다면서 정부실패 가능성을 불가피한 시각에서 조망하는 경향을 읽을 수 있다.

다. 정부실패 최소화 위한 혁신

정부실패 가능성에 대한 우려와 낙관의 입장 중 어느 것이 설득력이 있다고 말하기 어렵다. 논란이 이루어지는 시점의 시대정신과 정치·경제적 상황, 국민의 정치적 선택에 좌우되는 문제라고 볼 수 있다. 다만 중요한 것은 시장의 실패를 치유하기 위한 빈번한 정부개입이 정부개입의 심화로 기울면서 재정규모의 확대와 시장기구의 자율적 자원배분 메커니즘을 손상할 수 있다는 문제의식에 대해서는 이론적 논쟁의 차이를 불문하고 유념해야 할 대목이다.

따라서 정부개입에 수반되는 정부의 실패를 최소화하는 노력이 범국가적 차원에서 지속적으로 전개되어야 할 것이다. 이러한 인식은 바로 '정부개입은 필요하되 최소한에 머무르거나 신중해야 한다'는 '효율적 정부론'의 논거가 되었다. 더 나아가서 국민의 세금으로 운영되는 정부 활동을 혁신하는 운동이 시민사회 차원에서 활발히 전개되는 양상을 목격할 수 있다. 정부개입으로 인한 정부의 실패를 줄이려는 노력이 심화될수록 국민의 세금으로 운영되는 정부 활동의 정당성이 높아진다는 사실에 대한 공감대의 확산이 정부혁신운동의 배경을 이루고 있다.

6장

경제적 불균형 완화를 위한 재정의 역할은 어느 수준이 바람직한가?

01

형평성 증진을 위한 재정 역할의 당위성과 한계

가. '형평의 가치' 실현에 대한 공감대 형성의 어려움

시장의 효율을 중시하는 시장경제 체제하에서 시장이 다가설 수 없는 대표 영역의 하나가 공동체 구성원이 공동으로 지향해야 하는 '형평의 가치'이다. 국민들이 필요로 하는 공공 서비스의 산출에 대한 정부의 책임 영역은 일정 범위 내에서 합의 도달이 가능하고 이 역할을 가능하게 하는 조세부담에 대해서도 공감대 형성이 용이하다. 그러나 형평의 가치를 추구하는 정부 역할의 설계는 공감대 형성이 용이하지 않은 정치적 결정이라는 점에 유념해야 한다.

국민의 기대를 반영하는 정부의 기초적 공공 서비스(예: 방위, 질서유지, 기초교육, 사회간접자본)는 문자 그대로 대부분의 국민이 그 혜택을 고르게 나누고, 기본적 국가 시스템의 유지를 위해 불가피한 부담이다. 반면 형평성 증진을 위한 각종 복지지출을 포함한 이전적 지출은 근본적으로 비용을 부담하는 담세자들과 수혜자들이 일치하지 않는다는 점에 주목해야 한다. 그렇기 때문에 형평성 증진을 위한 재정 시스템을 구축함에 있어 부담의 주체가 되는 담세자들의 동의가 불가피하다.

사실 경제적 불평등을 어느 영역에서, 어느 수준으로 치유할 것인지에 대한 사회적 합의도 용이하지 않다. 인간의 삶에 긴요한 기초생활을 정의하는 작업도 쉽지 않다. 더 나아가서 그러한 비용을 감당할 수 있는 국민경제의 역량(즉, 조세부담)의 한계를 추계하는 과업도 결코 간단하지 않다. 무엇보다 가장 어려운 문제는 이러한 비용의 대부분을 지불해야 할 경제적 여유 계층으로부터 공동체의 '형평성 가치증진'에 대한 동의를 구해야 하는 것이다.

나. 공동체의 유대감 형성을 통한 재원 확보

형평성의 향상은 정치적 선언으로 이루어질 수 없는 사안이다. 반드시 형평성 가치를 증진할 수 있는 재원의 확보가 필수적임은 삼척동자도 아는 내용이다. 그런데 형평성 향상을 도모할 수 있는 조세재원 확보 결정은 궁극적으로 대의제 민주제하에서 국민의 대표기관의 동의가 필수적이다. 그러나 대표기관의 동의는 필요조건에 불과할 수 있다. 대의기구의 결정 규칙인 다수결은 법적, 형식적 동의를 확보하는 데는 필수조건임이 분명하지만, 추가부담의 많은 몫을 분담하는 경제적 여유 계층의 진정한 공감대가 수반되지 않으면 정부의 증세 노력은 선순환의 경제 활동을 위축시키거나 내면적 반발에 직면할 수 있기 때문이다. 바로 여기에 '정치적 힘'을 배경으로 한 다수결결정이 내포하고 있는 한계가 자리 잡고 있음에 유념해야 한다.

따라서 '경제적 약자의 경제적 지위 향상이 공동체의 유대감(solidarity)을 촉진하고 국민경제의 건강한 발전에 귀결된다'는 믿음이 확산되어야 하고, 이를 토대로 경제적 여유 계층의 자발적인 선택이 더없이 긴요하다. 이러한 공감대가 형성될 때 사실상 충분조건을 충족할 수 있다. 조세부담에 대한 국회의 결정은 분명 정치권력(power)에 의한 결정이지만, 그러한 정치적 결정 이면에 부담자의 자발적 동의 영역이 넓을수록 추가부담에 대한 저항은 최소화되고 결정의 실효성은 견고하게 확보될 수 있다.

02
사회적 형평성(social equity)
−수평적 형평과 수직적 형평

    사회적 형평성은 외견상으로는 손쉽게 정의할 수 있을 것으로 보이나, 사실상 다수가 공감할 수 있는 정의를 내리기 어렵다. 개인차원의 형평도 어떤 기준에 따르느냐에 따라 다양한 해석이 가능한데, 한 차원 넘어 '사회적 차원'의 개념을 설득력 있게 제시하기란 어려울 수밖에 없다.

    흔히 사회적 형평성은 '수평적 형평'과 '수직적 형평'으로 구분한다. '수평적 형평'은 동일한 여건에 있는 사람에게 동등하게 대응하는 것(equal treatment for equal situation)이 공정(fair)하다는 데 생각을 함께한다. 그러나 동일한 경제적 여건을 어떻게 정의하느냐에 따라 대응의 내용이 달라질 수 있다. 이를테면 같은 소득을 가진 두 가구(A, B)가 A는 부양가족이 많고, B는 부양가족이 적다면 세금부과에 있어 A에게는 가족공제의 범위가 넓고, B에게는 가족공제가 없거나 적게 허용될 수 있다는 점이다. 정부지출에 있어서도 '동일한 여건에 있는 사람에게 동일하게 취급한다'는 원칙을 적용하는 것이 현실의 제도 집행 과정에서는 그렇게 쉽지 않다.

수평적 형평에 비해 수직적 형평을 정의하는 일은 더욱 어렵다. "상이한 경제적 여건에 처해 있는 사람들에게 어떻게 취급하는 것이 공정한가"라는 물음에 자신 있게 대답할 사람은 많지 않다. 어떻게 취급하는 것이 공정한 것인가에 대해 쉽게 공감대가 모아지지 않는 이유는 공정한 대응의 내용이 정치이념, 개인의 경제적 상황과 시각에 따라 다르게 정의될 수 있기 때문이다. 그럼에도 수직적 형평을 어떻게 정의하느냐는 경제적 불평등(시장의 이념적 한계)을 완화하는데 있어 정부(재정)의 역할을 어떻게 설계할 것이냐를 결정함에 있어 핵심변수라고 볼 수 있다.

03
사회적 형평의 출발: 기회의 균등? 산출의 균등?

　사회적 형평성, 특히 수직적 형평의 개념을 정리하기에 앞서, 형평의 개념을 어느 선에서 출발할지 생각해볼 필요가 있다. 우선 형평의 개념을 기회의 균등(equality of opportunity)에서 출발할지, 아니면 산출의 균등(equality of outcome)에 다가서는 데 초점을 맞출 것인지의 문제가 대두한다.

　기회의 균등을 중시하는 입장은 형평성을 촉진하는 정부의 역할을 1차적으로 모든 사람에게 기회가 공정하도록 만드는 데 초점을 맞춘다. '기회의 공정'을 제약하는 요소들을 제거함으로써 누구나 동일한 조건하에서 경쟁할 수 있도록 보장하는 것이 시장경제 질서를 존중하고 공동체의 공동선에 부합하는 것이라는 점을 강조한다. 더 나아가서 공정한 기회를 통해 이룩한 개별 경제주체의 과실을 사후적으로 조정하는 정부의 역할은 최소한도의 수준에 머물러야 한다는 입장을 견지하는 경향이 있다. 흔히 시장주의자, 효율적 정부론자들이 이러한 입장과 맥을 같이한다.

반면, 불평등 해소를 위한 정부의 적극적 역할을 강조하는 논자들은 형평의 개념을 공정한 기회의 부여에 국한하지 않고 기회가 창출한 산출을 사후적으로 조정함으로써 적극적으로 경제적 불평등을 완화해야 한다고 주장한다. 이러한 입장을 취하는 학도들은 사회적 형평을 논함에 있어 기회의 균등은 너무나 당연한 사전조건에 불과한 것이라는 입장이다. 불평등을 적극적으로 해소하는 노력이 바로 '사회적 형평' 이라는 가치실현의 기본 목표이고 이러한 목표 달성에 정부가 앞장서야 한다는 것이다.

04

'기회의 균등'을 전제로
'산출의 조정'에 접근하는 방식과 속도

이와 같은 두 입장이 현실의 정치 과정과 정책의 설계단계에서 그 차이가 좁혀지는 경향이 있지만, 불평등 해소에 임하는 정부 역할의 기조에 관해서는 분명 구별된다고 볼 수 있다. 일반적으로 미국의 공화당, 영국의 보수당, 일본의 자민당 등 보수정당은 '기회의 균등'에, 미국의 민주당, 영국의 노동당, 독일의 사민당, 일본의 사회당은 '산출의 조정'에 정강 정책의 기조가 기울어져 있음을 읽을 수 있다. 다만 이러한 구분은 공동선의 추구와 삶의 질 향상에 주력하길 바라는 정부에 대한 국민적 기대와 빈번한 정권교체를 겪으면서 차이가 좁혀지는 양상을 목격할 수 있다.

요컨대 사회적 형평에 관한 접근 구도는 기본적으로 '기회의 균등'을 전제조건으로 삼고 '산출의 조정'의 목표를 어느 수준으로 삼을 것이냐, 그리고 어떤 속도로 이러한 목표수준에 접근할 것인가의 문

[표 04] 불균형 완화에 대응하는 두 입장

	진보적 입장	점진적 입장
불균형 완화의 목표수준	강도 높은 변화	사회적 동의가 용이한 수준
불균형 완화의 속도	쇄신적	완만함

제이다. 두 입장의 상대적 차이에 따라 불균형을 완화하는 정부의 역할이 달라지는 것이다.

불균형 완화의 목표를 높은 수준으로 설정, 시장에서의 배분 상태를 '강도 높게' 변화시켜야 한다는 입장이 한 축을 형성하고 있고, 경제적 강자의 희생이 납득할 수준에 이를 수 있도록 '사회적 동의' 형성에 주력해야 한다는 입장이 다른 한 축에 자리 잡고 있다. 결국 사후적 불평등 완화를 위해 속도감 있고 적극적인 정부의 역할이 긴요하다는 입장과 시장의 배분규칙을 중시하며 점진적이며 안정적인 역할이 바람직하다는 견해로 대별될 수 있다.

불평등 개선을 위한 정부 역할을 계량적 목표로 제시하기는 어렵지만 일단 불평등을 개선하는 노력을 기울여야 된다는 데는 공감이 형성되고 있다. 다만 불평등 완화의 궁극적 목표의 수준과 방법을 둘러싸고 정치이념, 자원배분에 있어 시장과 국가의 역할 배분, 재정의 역량과 정책수단의 가용도 등 다양한 요인에 의해서 결정된다고 말할 수 있다.

05
수직적 형평에 대한
접근

가. 수직적 형평의 접근 시각과 '약자배려의 원칙'

수직적 형평은 배분적 정의를 다루는 가치판단의 문제라는 점에서 많은 사람이 공감할 수 있는 객관적 이론의 틀을 제시하기 어렵다. 배분적 정의에 관한 여러 논의 중에서 최소한의 공감대가 형성될 수 있는 구도의 하나로 간주될 수 있는 존 롤스(John Rawls, 1921~2002) 교수의 입장을 중심으로 서술해본다.[16]

2명이 존재하는 상태에서, 2명의 가상 소득의 분배 상태를 3가지 유형으로 표시하면 [표 05]와 같다. 우선 A와 B가 소득이 같은 평등주의적(egalitarian)시각①을 생각해볼 수 있지만 완벽한 사회주의 체

---

16 John Rawls, *A Theory of Justice*, Harvard University Press, 1971.

[표 05] 3가지 유형의 가상적 소득분배 상태

유형	A	B	총 산출
① 평등주의적 시각	40	40	80
② 총 산출 극대화 시각	30	90	120
③ 약자배려의 균형적 시각	50	60	110

제의 이상형적 상태를 제외하고는 현실적으로 존재할 수 없다. 반대로 개인의 경제적 역량 차이가 그대로 반영된 시장에서의 '있는 그대로의' 분배 상태(A 30, B 90)를 상정할 수 있다. 2명의 불평등 상태와 무관하게 2명의 총 산출이 극대화되는 '있는 그대로의' 배분 상태가 바람직하다는 '사회 총 산출 극대화 시각②'으로 표현할 수 있다. ①의 시각은 2명이 평등해야 한다는 믿음에 기초하였고 2명의 합계는 80이라는 점에서 사회적 총 산출이 낮은 수준이라는 암시를 포함하고 있다. ②의 시각은 A와 B의 경제적 격차가 크다는 문제를 안고 있는 반면 2명의 합계(사회의 총 산출)는 크다.

　세 번째 유형인 약자배려의 시각(maximin approach)은 ①, ②유형의 중간에 위치하는 분배 구도를 보여주고 있다. [그림 13]이 보여주는 것처럼 균형적 시각에 해당된다고 말할 수 있다. 정부는 사회적 강자 B의 경제적 가치의 일부를 이전하여 사회적 약자 A의 경제적 지위가 향상되도록 노력함으로써 불평등을 완화되는 대신 사회적 총 산출(A+B=110)이 ②유형(A+B=120)에 비해서는 다소 낮아지는 수준을 용인하는 분배 구도라고 말할 수 있다.

　시장경제 체제에 기반을 둔 현대정부의 역할은 정도의 차이가 있을지언정 ③유형에 입각하고 있다. 이러한 시각은 정부가 국민경제

[그림 13] '사회적 형평성' 접근에 대한 3가지 구도

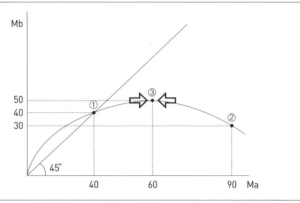

출처: John Rawls, *A Theory of Justice*, Harvard University Press, 1971.

의 '사회적 총 산출 최대화' 목표를 다소 완화하더라도 약자의 경제적 지위를 향상시키기 위한 노력을 기울여야 함을 강조하고 있다.

여기에서 중요한 정책적 암시는 첫째, 시장의 소득분배에서 형성된 불평등을 어느 수준까지 완화시킬 것인지의 '강도'에 대한 사회적 합의와 정치적 결정, 둘째, 경제적 강자의 성과로부터 경제적 약자의 지위를 향상시키기 위한 재원조달에 대한 공감대 형성, 셋째, 국민경제의 안정적 성장이 이루어질 때 이러한 제도적인 재분배가 용이하다는 점이다.

나. 조세제도의 수직적 형평성: 누진세율, 비례세율, 역진세율

수직적 형평성에 접근하는 1차적인 정책수단은 조세제도이다. 세

금의 규모, 그리고 대상과 구조가 소득재분배에 영향을 주는 요소이지만, 누진세율방식이 소득재분배효과를 거둘 수 있는 유효한 방안의 하나라는 데 대부분의 사람들이 공감하고 있다.

세금을 국민이 감당해야 하는 희생이라고 볼 때, 세율을 형성하는 방식은 '희생의 균등'을 어떻게 정의하느냐에 따라 흔히 3가지로 나눌 수 있다. 첫째, 희생의 절대적 총량(absolute sacrifice)을 똑같이 나누어 부과하는 방식, 둘째, 희생을 비례적(proportional sacrifice)으로 배분하는 방식, 셋째, 부담으로 인한 한계적 희생(marginal sacrifice)을 동일하게 부과하는 방식으로 구분할 수 있다. 이를 각기 정액세율방식, 비례세율방식, 누진세율방식으로 정의하고 있다.

일반인들도 쉽게 이해할 수 있는 것처럼 정액세율방식은 소득 대비 조세부담비율이 저소득자에게는 높게, 고소득자에게는 낮게 귀착됨으로써 저소득층이 오히려 상대적 희생을 크게 안게 됨으로써 조세제도에서 가장 바람직하지 않은 세율구조로 간주된다. 비례세율은 수치상으로는 균형적인 듯 보이지만, 경제적 강자와 약자를 동일한 비율로 취급하기 때문에 소득 대비 역진적 부담으로 귀착된다. 따라서 형평성 기준에서 보면 불완전한 세율부과방식으로 여겨진다. 반면 누진세율은 약자는 낮은 세율을, 강자일수록 높은 세율을 부과함으로써 수직적 불평등을 완화하려는 분명한 의지를 가지고 있는 부과방식이다.

현실의 조세제도에서는 일부 소비세목에 한해 정액세율이, 다수 소비세목의 경우 비례세율이, 그리고 소득·상속세목은 대부분 누진세율을 취하는 등 세율구조가 혼재되어 있다. 흔히 누진세율구

[표 06] 희생의 균등기준에 따른 세율구조의 유형

희생의 균등기준	세율	소득 대비 효과	대표적 해당 세목
절대적(총량적) 희생	정액세율	역진적	담배소비세
비례적 희생	비례세율	역진적	부가가치세
한계적 희생	누진세율	누진적	소득세, 상속세

[그림 14] 누진적·비례적·역진적 세율구조 비교

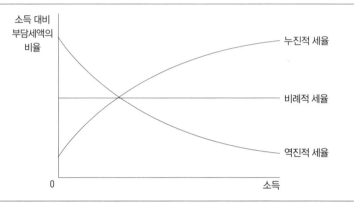

출처: Haveman, Op. cit., p.66.

조와 결합된 세목의 세수비율이 높을수록 수직적 형평(소득재분배)
에 접근하는 재원조달 시스템이라고 말한다.

06
불평등 개선을 위한 정부의 역할: 두 시각

　[표 07]은 경제적 불평등을 완화함에 있어 정부의 역할에 대한 두 시각을 대별해본 것이다. 현존하는 불평등을 완화해야 하는 당위성에는 공감하지만 어디까지나 시장의 자원배분을 중시함으로써 국민경제의 총량(pie)을 늘리면서 불평등을 점진적으로 개선해야 한다는 입장이 이른바 '정치적 보수'의 입장이라고 설명할 수 있다. 반면 불평등 개선에 관한 진보론자들은 국민적 총 산출에 영향이 있더라도 불평등 완화가 더욱 높은 우선순위의 가치를 가지고 있다는 점에서 적극적 정부 역할이 긴요하다는 견해를 피력하고 있다.

　두 입장은 재정의 역할과 정책의 선택 면에서 더욱 분명히 대비될 수 있다. 불평등 해소를 위한 적극적 정부 역할은 자연히 광범위한 사회복지지출과 상대적으로 높은 조세부담률로 나타나는 반면, 완만한 정부개입을 지지하는 논자들은 국민경제의 안정적 성장을 제

[표 07] 경제적 불평등 완화를 위한 정부의 역할에 대한 두 입장

정치이념	보수	진보
기본관점	공정한 기회에 초점	기회가 창출한 산출의 조정
접근의 출발점	총량적 가치증대 → 불평등 개선 귀결	불평등 개선 → 사회적 가치증대 직결
정부의 역할	점진적	적극적
재정의 역할	시장의 효율과 부합하는 조세부담과 적정 복지지출	상대적으로 높은 조세부담과 넓은 복지지출
최소한도의 보장에 대한 범위	긴요한 분야의 보장	폭넓은 소득보장

약하지 않는 범위 내에서의 조세부담과 긴요한 복지지출로 한정하는 입장에 기울어져 있다.

사실 정부가 재정을 통해 개입해야 하는 불평등 완화의 과제와 복지지출의 범위를 어떻게 설정할 것인지에 대한 일치된 입장을 도출하기 어렵고, 경제적 불평등 해소에 임하는 다수 국민의 공통의지와 정치적 선택에 달려 있는 문제라고 말할 수 있다. 총선과 대선에서 어떤 견해를 내건 정당이 승리하느냐에 따라 일정 기간 정부 정책의 방향과 내용에 영향을 준다고 볼 수 있다.

07
'증세 없는 복지'의
허실

2000년대 주요 선거를 겪으면서 복지 논쟁이 주요 공약의 하나로 논의되기 시작했고, 2017년 대선에서도 어김없이 각 후보의 입장이 표출되었다. 2012년 당시 여당은 지속적으로 국민복지는 향상시키되 이를 위한 증세는 고려하지 않는다는 이른바 '증세 없는 복지 확장'의 입장을 피력했었다. 이러한 입장은 다분히 대선에서 표를 확보하려는 동기가 내재되어 있음을 알 수 있다. 복지 확대를 갈망하는 중위소득 이하 유권자의 기대에 부응하면서, 중산층 이상 계층의 추가부담에 대한 우려를 배제할 수 있다고 생각했기 때문이다.

이처럼 '증세 없는 복지 확장'은 겉으로는 매끄럽게 보일 수 있지만, 매끄러운 만큼 복지 확대에 대한 실천의지는 견고하지 않다는 점을 짐작할 수 있다. 기존사업의 효율화를 도모함으로써 확보할 수 있는 재원, 지하경제를 양성화하거나 세무행정의 효율화를 통해 얻을 수 있는 재원, 그리고 기존 복지사업의 우선순위 조정을 통해 얻을 수 있는 재원은 사실상 한계적 수준이다. 이런 점을 감안한다면 '증세 없는 복지 확장' 주장은 복지 서비스의 종류를 늘리거나 기존 복지 서비스의 심화를 기울이는 데 소요되는 재원에 턱없이 부족하기 때문에 자칫 구호에 그칠 수 있다.

양과 질 측면에서 복지 향상을 위한 정부 역할을 강화하려면 기존 정부지출구조의 획기적 구조조정이 없는 한 일정 수준의 증세가 불가피하다는 점을 인식해야 한다. 아이러니컬하게도 "증세 없는 복지가 허구"라고 표현한 여당 국회의원이 집권 수뇌부로부터 질타를 받았던 사실은 우리 사회에서 복지 확산을 둘러싸고 진솔하고 정직한 논의가 정치적으로 어렵다는 점을 확인해주는 정치적 사건이다.

'복지 확대' 주장이 가시화되려면 조세부담에 대한 국민적 공감대가 형성되어야 한다. 특히 추가적 부담의 상당 부분을 분담해야 하는 중산층 이상 납세자들의 적극적 이해와 지지가 필수적이다.

08

'경제적 약자의 지위 향상'에 대한
국민적 공감대

가. 복지 증대를 위한 증세 가능성에 대한 공감대

이전적 지출을 포함한 복지 증대는 복지의 양과 질에 비례하여 정부지출 확대를 필요로 하고 추가적 조세부담과 직결된다. 그러기에 복지지출 확대를 가능하게 하려면 세제개혁(또는 세법개정)을 통한 세수증대 노력을 기울여야 한다. 여러 세목에 걸쳐 골고루 증세 노력을 해야 하지만, 소득재분배의 효과가 높은 소득·상속·법인과세와 재산 관련 세목이 주축이 되면서 일부 소비과세의 증세를 보완해야 한다.

사실 주기적 선거경쟁을 치러야 하는 자유민주주의 체제에서 어떤 공공적 이유에서라도 세금을 올리겠다는 주장은 정치인으로서는 표명하기 어렵다. 아울러 대다수 국민들 역시 추가적 조세부담에 대해서는 일단 '멈칫' 하는 자세가 일반적이다. 이런 분위기에서 복지 증대에 대한 실천 대안이 마련되기가 현실적으로 어렵다는 점에서 국민들의 이해와 공감대 형성이 필수조건이라고 말할 수 있다.

나. 경제적 여유 계층의 납세 협력

이러한 과정에서 추가부담의 많은 부분을 감당해야 하는 경제적 여유 계층의 견고한 납세 협력이 긴요하다. 경제적 불평등을 개선하는 것이 국가공동체 구성원의 상호 유대를 높여 공동번영에 귀결된다는 믿음이 뿌리내려져야 한다. 만일 이러한 믿음에 대한 뿌리가 깊고 경제적 여유 계층의 공동책임이라는 국민의식이 견고할수록 '원만한 증세 노력→복지 확산→국가공동체의 존재가치증대'라는 선순환이 이어질 수 있다. 매 단계마다 정치권의 국민의사 수렴과 국민설득 노력이 필수적이다. 이러한 노력이 수반되지 않는다면 주요 선거경쟁 때에만 '복지확대공약'이 제시될 뿐 선거 후에는 막연한 구상과 한계적 수준의 논의에 그칠 수밖에 없다.

현실의 정치 과정에서 증세에 토대를 둔 복지지출 확대 구상이 실현되기가 결코 용이하지 않다는 사실은 그간의 사례를 통해 쉽게 확인할 수 있다. 많은 경우, 복지지출 확대의 당위성을 외치면서 세금증대 노력에 대해서는 명확한 입장의 표명을 주저하는 경향이 일반적이었다. 정치적 경쟁이 과열될수록 선거에 임박해 증세론을 주장함으로써 지지기반을 잃을 것을 우려하는 정치권이 일관된 주장을 펼치기를 기대하기는 어렵다.

다. 투명한 정책경쟁과 증세에 대한 유권자의 관용(tolerance)

일관된 '정책포지션의 유지'와 '정치적 지지의 유지'라는 두 목표가 양립되기 어렵다는 사실이 바로 복지 확대를 가로막는 요인의 하나이다. 이러한 상황에서 중요한 것은 주요 정당이나 후보가 명확한 입장을 밝힐 수 있도록 유권자인 국민의 관용범위가 일정 수준 존재해야 된다는 점이다. 국민의 관용범위가 넓을수록 정당과 정치지도자의 명확하고 일관된 비전과 공약 제시의 정치문화가 조성될 수 있다. 예컨대, 복지증진이라는 정책목표를 제시하면서 증세에 대한 공감대를 도모하는 정직한 자세를 취하든지, 아니면 증세에 대한 국민경제적 제약점을 고려하여 복지 증대에 대한 대(對)국민 약속을 절제하는 자세가 견지되는 선의의 정책 대결의 장이 펼쳐질수록 바람직한 국민의 선택이 선거 과정에서 이루어질 수 있다. 그렇지 않을 경우, 일부 국민들을 일시적이나마 기대에 부풀게 하는 복지증진의 구상이 제안될 뿐 일정한 기간이 지나면 공염불이 되고 마는 상황을 피할 수 없다.

"증세의 불가피성을 호소하며 경제적 불평등을 개선해야 한다"는 주장을 굽히지 않고 국민적 공감대를 만들어가려는 정치적 리더십을 기대해볼 수 있다. 아니면 "국민경제의 성장이 급선무이고 성장의 과실을 통해 복지 신장을 도모하는 것이 장기적 국가발전 전략에 부합하는 것"임을 강조하며 증세의 현실적인 어려움을 수용하여 복지 확충의 기대를 불어넣지 않고 국민경제 역량의 획기적 증대가 이루어지는 시점까지 인내를 호소하는 용기 있는 정치적 리더십이 필요하다. 어떤 방향이든 분명한 입장을 표명하는 정치적 경쟁이 형성될 때, 재정민주주의의 실현을 앞당길 수 있다. 이러한 문제는 국가발전에 있어서 옳고 그름을 다투는 문제가 아니고 국민의 선택에 의해 결정되어야 할 사안이기 때문이다.

국민이 선택할 수 있도록 실현 가능성이 있는 분명한 대안을 정직하게 제시하는 노력이 선행되어야 한다. 경쟁하는 정당 간 대안에 대한 입장의 차이가 분명히 제시되면서 국민이 선택할 수 있는 정치문화가 정착되어야 한다. '국민요구→대안제시→국민선택→정책결정→정치적 평가'로 이어지는 정치적 선순환 과정을 통해 정책입장에 대한 국민 신뢰가 상대적으로 높은 정당이 선택될 때 경제적 불평등을 개선하기 위한 노력이 한 걸음 한 걸음 진전될 수 있다.

09

복지 확대에 대한 기대의 이중성과
득표 극대화에 매진하는 정치적 경쟁

가. 국민의 '기대의 이중성'과 '정치적 경쟁'의 상충

일부 국민들은 정부의 활동에 높은 기대를 가지면서 그러한 정부 활동을 뒷받침하는 세금부담에 대해서는 유보적 입장을 갖고 있다. 이러한 '기대의 이중성'이 '득표 극대화'를 목표로 하는 정치권의 행태와 맞물릴 경우, '국민의 삶의 질 향상'을 위한 정부의 역할이 개선될 영역은 협소할 수밖에 없다.

주기적 정권경쟁을 벌이는 주요 정당은 '득표 극대화'라는 명시적 목표를 갖고 있음이 명백하다. 정치권의 이러한 목적함수는 자연스럽게 복지 증대라는 국민적 기대에 부응하려는 공약의 제시로 귀결되면서 다른 한편으로 추가적 세수부담을 우려하는 경제적 여유 계층의 표심을 의식하며 추가적 세금부담을 주저하는 양상을 목격할 수 있다. 이러한 양상은 일부 국민들이 가지고 있는 기대의 이중성을 의식한 것이지만 불평등 완화를 위한 정부의 적절한 역할 정립을 제약하는 요소로 작용한다. 동시에 기대의 이중성을 고착시키는 역기능을 초래할 수 있다.

일부 국민들이 내면적으로 품고 있는 기대의 이중성이 '득표 극대화' 목표를 추구하는 정치권의 치열한 경쟁과 상승작용을 일으킨다면 불평등 완화에 기여할 수 있는 재정정책의 선택이 자리 잡기 어렵다는 점에 유념해야 한다.

나. '공짜 점심은 없다'는 사실에 대한 국민의 선택

정치적 경쟁 과정에서 '복지 확대를 위한 증세'이든 '시장의 효율성을 존중하는 증세의 유보'를 불문하고, 명백하면서도 정직한 입장을 제시하고 유권자의 선택을 받는 정치문화의 확립이 긴요하다.

다수 국민 역시 불평등 완화에 기여할 수 있는 새로운 복지 확대가 긴요하고 이를 가능하게 하는 추가적 세수부담을 기꺼이 감수할 것인지, 아니면 적극적 증세 노력으로 귀결되는 복지 수준의 확대는 바람직하지 않다는 분명한 입장을 갖고 투표를 통한 정치적 선택에 임해야 한다. '공짜 점심은 없다'는 말처럼, 복지 증대를 위해서는 분명 국민부담이라는 대가를 치러야 한다는 보편적 상식을 벗어나서는 안 된다. 불평등 완화에 기여하는 복지 확대는 정부와 정당의 정책을 통해 결정되는 것으로 보일지 모르나 궁극적으로 담세자인 국민의 선택에 의해 이루어진다는 사실을 잊어서는 안 된다.

10
최소보장에 대한 접근 구도: 국가의 책임과 개인의 책임

가. 국가 책임의 대상과 범위

경제적 불평등을 개선하는 노력은 궁극적으로 경제적 약자의 삶의 질 향상을 목표로 하고 있다. 삶의 질 향상을 도모함에 있어 집중적으로 논의되어야 할 주제는 '삶의 질 향상을 위해 어떤 부문에서 최소한도의 보장이 이루어져야 하느냐'와 '최소한도의 보장을 어떠한 방식으로 접근할 것이냐', 그리고 '국가와 개인이 어떻게 책임을 분담할 것인가'이다. 그러나 이에 대한 사회적 합의는 결코 용이하지 않다.

기본적으로 기초교육, 기본의료, 기본주거분야에 있어 정부가 최소보장의 역할을 맡아야 한다고 말할 수 있으나, 획일적 기준으로 설정할 수 없다. 시대변화에 따라 고용과 환경개선, 그리고 여가의 문제가 '삶의 질'의 본질 영역으로 수용되어가는 경향이 기준설정의 어려움을 말해준다. 아마도 경제발전의 단계와 공공부문 재정역량의 수준, 그리고 국민 공통의 기대욕구 등 다양한 요인에 따라 그 범위가 결정된다고 할 수 있다.

교육을 예를 들면 의무교육을 지금처럼 중학교 수준까지 허용할 것인지, 아니면 고교교육까지 확대할 것인지, 대학교육에 대한 비용을 전적으로 개인부담으로 할 것인지 아니면 국가부담과 어느 비율로 나눌 것인지의 문제가 모두 최소보장 범위의 선택에 관한 문제라고 볼 수 있다. 더 나아가서 의무교육의 경우, 직접교육비만 국가가 부담할 것인지 아니면 의무교육 대상 학생들의 점심식사와 부대교육비까지 포함할 것인지에 대한 논란은 끝이 없다고 해도 과언이 아니다.

나. 최소보장의 범위와 개인의 책임

어떤 분야에 최소보장의 원칙 적용에 관한 결정이 이루어졌더라도 국가가 직접 해당 서비스를 제공할 것인지, 아니면 가구별 소득이전을 통해 해당 서비스의 비용을 분담케 할 것인지, 이른바 서비스냐, 현금이전의 형태이냐의 방법론 면에서도 장단점을 비교, 평가해야 한다.

이러한 논의의 전개 과정에서 중요한 기준은 최소보장이 되어야 할 영역에서 국가와 개인 간의 책임분담의 원칙이다. 어떤 최소보장 서비스더라도 완벽한 100% 부담은 현실화되기 어렵기 때문이다. 이러한 논의에서 중시되어야 할 판단기준은 해당 서비스가 창출하는 개인적 편익과 사회적 편익의 수준이다. 해당 서비스로 인한 편익이 개인적 편익에 귀속되는 비율이 높을수록 비용분담에서도 개인분담의 몫이 커져야 하고, 반대로 사회적 편익에 해당되는 비율이 클수록 정부의 비용분담 비율을 높게 설정해야 한다. 이런 점에서 최소보장의 대상이 되는 서비스가 창출하는 사회적 편익에 대한 엄밀한 분석, 평가 작업이 선행되어야 한다.

7장

조세의 정치경제적 역할은
어떤 방향으로
정립되어야 하는가?

01

조세를 통한 재원조달역량:
국민경제발전의 지표

근대국가의 형성과 조세제도의 정착은 불가분의 관계에 있다. 국가 활동의 토대가 되는 재원 확보가 원만할 때 국가 활동의 경제적 토대가 마련된다는 사실은 강조할 필요조차 없다. 정부 활동을 가능하게 하는 재원조달장치의 제도화(institutionalization) 수준은 국가형성(state building), 더 나아가서 국가발전의 척도라고 말할 수 있다. 일부 재정학도들의 '조세 없이 국가 없다'라는 표현대로 현대국가를 '조세국가'로 칭하는 것이 어색하지 않을 정도로 국가존립과 운영에 있어 조세는 필수제도이다.

20세기 초반(1913) 미국의 연방소득세제(federal income tax)가 도입되어 연방정부가 독자 세원을 확보함으로써 '연방정부'로서의 명실상부한 기능을 수행할 수 있게 되었다는 사실은 독자적 세수 확보 역량이 국가체계의 완비 과정에서 주요 변수의 하나라는 점을 말해

[표 08] 개발 연대 중앙정부 일반회계 세입 중 국세수입 구성비 추이

(단위: %)

연도	국세	세외수입	국채	대충자금	기타	합계
1962	34.8	7.3	19.4	30.8	7.7	100.0
1970	55.2	7.0	–	28.6(?)	9.2	100.0
1975	85.3	3.6	–	–	11.1	100.0
1980	87.5	9.6	–	–	2.9	100.0
1983	92.3	4.4	3.3	–	–	100.0
1991	96.9	3.1	–	–	–	100.0

주: 1) 중앙정부 일반회계 세입예산 기준
   2) 국세에는 전매납부금(1989.1.1. 지방세로 이양) 포함
   3) 기타의 경우 1962년부터 1975년까지는 재정차관금의 비중이 높았으나 그 이후부터는 이월금이 대부분을 차지함
출처: 기획재정부, 「예산개요」, 각 연도.

주고 있다.

1960년대 초 국세수입이 우리나라 중앙정부 재정수입의 35% 수준에 머물렀던 시절, 이른바 대충자금으로 불렸던 원조물자 매각수입과 국채수입이 조세수입 부족분의 상당액을 메꾸었다. 국민이 부담하는 조세수입으로 기본 정부 활동을 이끌어나갈 수 없었다는 것은 "과연 재정적 측면에서 건전한 주권국가인가"라는 의문점을 제기하기에 충분했다. 1960년대 개발경제시대에 접어들면서 조세를 통한 재원조달역량은 급속히 신장했다. 경제발전단계에 비례하여 1970년대 중반 조세수입비중이 80%대로 상승했고, 1980년대 95%를 넘어서면서 30년 만에 명실상부한 '조세국가'의 틀이 완성되었다.

이러한 사실은 국민경제의 재원부담역량이 국민경제의 지속적 성장과 안정을 통해 현저히 향상된 결과, 국민이 기대하는 정부의 기본 역할수행을 가능하게 하는 원동력이 확보되었음을 말해준다. 이런 점에서 조세를 통한 재원조달역량의 증대는 국민경제발전의 종속변수라고 말할 수 있다.

02
국민의 조세부담 증대와
정치적 변화의 위험성

　역사적으로 조세부담에 대한 국민적 동의는 필수적이다. 15세기 영국에서 세금부담에 대한 국민적 동의를 얻기 위해 의회가 출범하게 되었다는 역사적 사실에 비추어 민주주의와 대의제 정치 시스템의 진화가 국민부담에 대한 공감대 형성의 필요에 의해 이루어졌다는 점은 현대국가에서도 예외가 될 수 없다.

　조세부담의 원동력은 도덕적 권위, 물리적 강제력, 상호이익 등 다양하게 찾을 수 있으나, 현대국가에서는 국민과 정부 간의 관계를 토대로 한 공공이익의 창출을 기반으로 공동체 구성원으로서의 도덕적 책임과 기대이익, 그리고 부담을 강제할 수 있는 '물리적 강제력'을 보완적 동력원으로 삼을 수 있다.

　국민들이 부담하는 세금이 국민이 기대하는 공통이익(또는 사회적 편익)으로 귀결된다는 믿음이 견고할수록 조세부담의 정당성은 높아진다. 만일 그러한 믿음이 견고하지 못하면, 부담에 대한 중압감을 피할 수 없고, 경우에 따라 조세저항이 야기될 수 있다. 격렬한 조세저항은 정치적 변화의 동인이 될 수 있음을 수많은 역사적 사실에서 쉽게 찾을 수 있다.

19세기 말(1894) 조선 고부군수의 저수지 건설을 명분으로 한 과도한 세금 수탈이 동학혁명의 도화선이 되었던 사실, 고려 말(1391) 과전개혁을 둘러싸고 훈구세력과 신(新)사대부 세력 간의 갈등이 고려의 쇠퇴, 조선왕조 창건의 정치·경제적 배경의 하나였다는 사실은 과중한 부담이나 부담구조의 변화가 정치 체제전환의 배경이 되었음을 말해준다.

1977년 기존의 다기화된 개별 소비세목을 단일 종합소비세로 통합한 부가가치세제개혁이 지역 상공인들의 조세저항을 야기해 부마사태(1979) 원인의 하나가 되었고 사태 수습 과정에서 10·26이라는 정치적 변란이 발생했다는 기록은 조세부담 증대에 대한 암묵적 반대심리가 일부 국민 속에 내재되어 있다는 사실을 암시해준다. 2017년 대선 과정에서, 불균형 해소와 복지 증대를 강렬하게 외치는 유력후보들이 세부담 증대에 대해서는 점진적 증세 방안 등 신중한 태도를 보였던 것도 부담 증대에 민감한 일부 국민들의 반발을 의식한 것이라고 해석할 수 있다.

03
조세의 원칙과
정책목표

가. 자원배분의 중립성

조세는 무엇보다도 정부 활동을 가능하게 하는 재원조달수단이다. 원활하게 공공재원을 조달하되, 국민경제의 안정 및 성장과 양립할 수 있는 방안을 선택하는 것이 우선적인 고려요인이다. 국민의 자산을 강제력에 의거 국가로 이전하는 권력 작용인 만큼 흔쾌히 자발적인 부담을 기대하기는 어렵다. 사실상 경제주체의 경제적 행동에 영향을 주지 않는 세금부과는 현실적으로 존재하기 어렵다. 그렇기 때문에 상대적으로 부담감을 덜 느끼게 하면서 경제주체의 행동에 덜 영향을 주는 조세일수록 차선의 '좋은 세금'이라는 데 대부분의 국민이 공감하고 있다. 이런 점에서 '과세의 중립성(neutrality)'은 조세를 평가하는 우선적인 기준의 하나로 꼽을 수 있다. 이러한 기준에 따르면 경제주체의 경제적 행동과 선택에 영향을 적게 줄수록 부담자인 국민들의 입장에서는 바람직한 조세라고 할 수 있다.

　과세의 '중립성' 개념이 원칙적으로 존중되어야 하지만 현실의 조세제도를 설계하는 단계에서 이러한 기준을 적용하기는 결코 쉽지 않다. 어떤 형태의 조세라 하더라도 '자산의 강제 이전'이라는 공권력 작용이 국민의 경제적 선택에 영향을 주기 때문이다. 더 나아가서 조세를 통한 재원조달 과정에서 일정한 정책목표를 달성해야 하는 책무를 안고 있다. 재정의 기능이 자원배분의 조정, 소득의 재분배, 경제의 안정화에 있는 것처럼 재정의 한 축(세입)을 형성하고 있는 조세제도도 이러한 기능수행에서 예외일 수 없다. 특히 소득의 재분배라는 정책목표 실현을 위해 조세가 핵심 정책수단으로 활용되어야 한다는 데 이의를 제기하기 어렵다.

나. 조세정책목표 간 충돌의 역설

　20세기 들어 저소득층을 포함한 사회적 약자의 기본생활을 보장하고 경제적 불평등을 완화하기 위한 새로운 정부의 역할이 대두되고 시장의 순환적 불안전성을 치유하기 위한 적극적 재정정책의 의미가 중시되었다. 이러한 현대국가 정부 기능의 재정립을 기점으로 전통적 재원조달수단인 조세가 새로운 정책목표 달성의 한 축을 형성하고 있다. 정부 활동에 필요한 재원을 원만히 조달하는 과업도 사실상 상당한 정치적 난관을 겪어야 하는데 소득재분배, 경제의 안정 등 국민경제적 정책목표를 재원조달 설계(design) 과정에 반영하는 일은 더욱 어려운 일이다.

조세부과가 소득재분배에 기여하려면 경제적 강자에게는 더욱 높은 세금(누진세율)을, 경제적 약자에게는 낮은 세율이나 면제를 허용해야 한다. 복지지출 확대가 가능토록 하려면 전체적으로 조세부담을 상향조정해야 하는 정책결정이 이루어져야 한다. 이러한 일련의 결정이 정치 과정과 국민적 동의를 수반해야 하는 만큼 소득분배의 개선에 뚜렷이 기여하는 세제의 구축은 오랜 시간에 걸쳐 치밀한 공감대 형성 과정이 긴요하다.

조세구조의 근간을 이루는 소득과세와 소비과세 간의 배분비율을 결정하는 과정도 상당한 갈등이 노정될 수밖에 없다. 재원조달을 원활하게 하려면 부담자들이 세금부담을 쉽게 인식하지 못하는 소비과세(특히 부가가치세 등 일반적 소비과세)의 세수분담비율을 높이는 것이 과세기술상 유리하다. 그러나 역진적 부담구조를 지닌 소비과세의 비중 증대는 당연히 소득재분배에 역행하는 효과를 초래한다. 소득재분배를 촉진하려면 소득과세의 세수비중을 높여야 한다는 보편적 지혜가 소비과세 중심의 원활한 재원조달 전략과 충돌하게 되는 사실을 간과할 수 없다.

경제안정 또는 성장목표를 위해 세금을 감면해주는 조세정책은 당연히 과세기초를 잠식, 세수의 감소를 초래한다는 사실도 재원조달의 목표와 경제정책목표가 충돌하는 사례로 인용될 수 있다. 경제성장 전략의 일환으로 이루어진 수출산업에 대한 광범위한 조세감면이 수출 증대에 기여한 것이 사실이지만 수출산업과 내수산업

간의 불균형을 확대시키고 과세기반을 잠식하는 사회적 비용을 안겨준다는 점도 조세정책 내부의 정책목표 간 갈등 가능성을 말해주는 사례의 하나이다.

다. 정책목표의 실현을 위한 억제·촉진 장치로서의 조세

조세는 현존하는 조세체계 내에서 의도적으로 부담을 줄이거나 높임으로써 정책목표 달성을 지원하는 장치를 갖추고 있다. 세부담의 감면을 통해 특정 정책목표를 촉진하고, 기본 부담 수준을 넘어서는 세부담을 안김으로써 특정 활동을 억제하는 기제로 활용된다.

조세정책이 국가적 정책목표 달성을 위한 핵심 정책수단으로 활용되고 있는 사례로 수도권 집중화 억제 및 지방분산 촉진 시책을 들 수 있다. '수도권 집중 억제'라는 정책목표를 위해 대도시 내 공장의 신·증설에 대해 취득세·재산세의 일반세율을 3~5배로 중과하고 있음은 수도권 내 경제 활동을 억제하기 위한 징벌적 정책과세의 유형이다. 반면 지방이전기업에 대한 국세의 '지방이전 준비금제도'와 '세액공제제도'의 허용, 지방세인 취득세·재산세의 면제는 지방이전을 촉진하기 위한 촉진적 조세지원 시스템에 해당된다.

분명한 정책의지를 갖고 특정 활동을 촉진하거나 억제할수록 '경제주체의 행동에 영향을 적게 줄수록 바람직한 조세'라는 '자원배분의 중립성' 기준으로부터 벗어나게 된다. 조세정책이 특정 정책목표 달성에 효과가 현저할수록 역설적으로 자원배분의 왜곡은 커지게 됨을 암시해준다. 이와 같이 '자원배분의 중립성 유지'와 '정책목표의 달성'이라는 두 기준이 역(逆)의 관계에 있음은 정부가 특정 정책목표를 위해 조세를 정책수단으로 활용할 경우 감면·중과(重課)가 초래하는 자원배분의 비효율을 고려하는 사려 깊은 노력이 필수적임을 말해준다.

04

조세체계와
조세수입 구조

우리나라의 현행 조세체계는 국세 14개, 지방세 11개, 총 25개 세목으로 구성되어 있다. 국세는 내국세와 관세로 구분되고 내국세는 직접세, 간접세, 유통세, 목적세로 분류할 수 있다. 지방세는 광역자치단체의 도세와 기초자치단체의 시·군세로 구분된다.

2017년 예산 기준으로 우리나라의 총 조세수입은 308.4조 원(과년도수입 4.6조 원 제외)이며, 그중 국세수입이 238조 원으로 77.2%를 차지하고, 지방세수입은 70.4조 원으로 22.8% 수준에 머무르고 있어 조세체계가 국세 위주로 형성되어 있다.

국세체계에서 세수비중이 높은 세목은 소득세(27.4%)이고, 그다음으로 부가가치세와 법인세가 각각 25.8%, 22.7%로서 이들 3개 세목이 우리나라 국세수입의 75%에 근접하고 있다. 이러한 비중에 비추어볼 때 조세정책의 관심은 이들 3개 세목에 집중될 수밖에 없다.

[그림 15] 우리나라의 조세체계(2017년 기준)

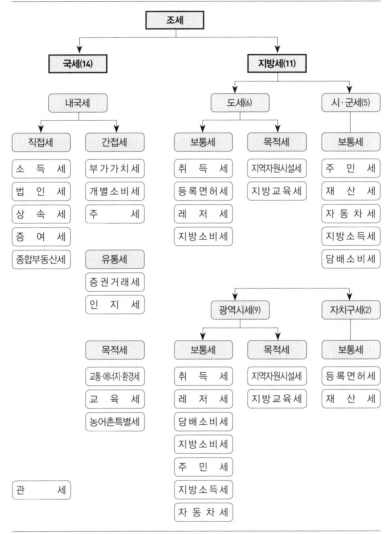

주: 단, 서울시는 특별시와 자치구 간 재산세 공동과세

　소득세, 법인세, 상속세, 증여세 등 이른바 직접세가 국세수입의
50%를 약간 상회하고 있다. 이러한 직접세의 세수비율은 '조세의

[표 09] 2017년 국세 세입예산(안)

(단위: 조 원, %)

세목	2017 예산	
	세수규모	구성비
총 국세	238.0	100.0
◇ 내국세		
소득세	65.3	27.4
법인세	54.0	22.7
상속세·증여세	5.3	2.2
종합부동산세	1.4	0.6
부가가치세	61.5	25.8
개별소비세	9.0	3.8
주세	3.3	1.4
인지세	0.9	0.4
증권거래세	4.0	1.7
교통·에너지·환경세	15.4	6.5
교육세	5.1	2.1
농어촌특별세	3.8	1.6
◇ 관세	9.0	3.8

주: 과년도 수입은 제외하였음
출처: 기획재정부

소득재분배 효과'가 그렇게 괄목하지 못하다는 주장의 근거가 되고 있다. 세제개편에 있어서나 선거 과정에서 소득세와 법인세의 세율 인상 또는 인하 논의가 중심축을 형성하고 있는 것은 바로 이들 세목이 담세자들의 세부담 향배에 민감한 영향을 줄 뿐 아니라 소득재분배 효과와 관련하여 보수·진보 정치세력 간에 상반된 입장을 보이고 있기 때문이다. 이를테면 보수진영에서는 법인세율을 인하하거나 최소한 유지함으로써 기업경쟁력을 제고해야 한다는 주장을 펼치는 반면, 진보진영은 복지 증대 재원을 마련하기 위해서 법인세율의 상향조정을 검토해야 한다는 입장을 견지하고 있다.

지방세 부분에서는 취득세, 지방소득세, 재산세, 자동차세 4개 세

[표 10] 2017년 지방세 세입예산(안)

(단위: 조 원, %)

세목	2017 예산	
	세수규모	구성비
총 지방세	70.4	100.0
◇ 보통세		
취득세	19.6	27.9
등록면허세	1.6	2.3
주민세	1.7	2.4
재산세	9.8	14.0
자동차세	7.2	10.2
레저세	1.0	1.5
담배소비세	3.4	4.8
지방소비세	6.3	8.9
지방소득세	12.3	17.4
◇ 목적세		
지역자원시설세	1.5	2.1
지방교육세	6.0	8.5

주: 과년도 수입은 제외하였음
출처: 행정안전부

목이 69%를 차지하는 기간세목으로 자리 잡고 있고 여기에 지방교육세, 지방소비세, 담배소비세를 합하면 세수분담 수준이 90%를 넘어서고 있다. 지방세는 취득세, 재산세 등 재산의 거래·보유에 관한 세목이 전통적으로 중심축을 형성하였으나 2000년대 들어서 소득과세, 소비과세의 세수분담비율이 높아지면서 점차 다양한 세수구조로 전환되고 있다.

05
조세감면(조세지출)의
효과와 한계

조세정책의 수단은 넓게 잡아 과세대상, 세율, 과세대상의 가액평가(과세표준), 그리고 감면 등으로 구분할 수 있다. 그러나 과세대상과 세율 등 개별세목의 기본틀이 법률로 제정된다는 점에서 이를 근간으로 한 감면이 핵심 정책수단이다.

조세의 감면은 당연히 거두어야 할 세금을 일정한 정책목표 달성을 위해 저세율, 비용공제, 세액공제 또는 면제한다는 점에서 간접지출의 효과가 있다. 이러한 간접지출의 의미를 강조하기 위해 조세지출(tax expenditure)이라는 표현을 자주 쓴다. 조세지출은 정부가 세금을 거두어 지출하는 직접지출과 대비될 수 있고 상당수 재정학자들은 2개를 통틀어 지출 개념에 포함하는 경향이 있다.

가. 조세감면의 긍정적 효과

정부는 정책목표 달성을 위한 정책수단을 모색할 때 세금에 의해 조성된 재원으로 해당 분야에 예산을 통해 직접 지출하는 것이 일반적이다. 그러나 거두어야 할 세금을 걷지 않고 감면해줌으로써 정책목표를 달성할 수 있는 가능성을 모색하기도 한다. 예를 들어, 중소기업 진흥을 위한 교육훈련을 확충해야 한다는 목표가 세워졌을 때, 정부예산항목에 교육훈련비를 책정할 것인지, 아니면 기업에 대한 세금감면을 통해 기업의 중소기업 교육훈련을 장려할 것인지, 또는 두 방식을 함께 채택할 것인지 결정해야 한다. 전자는 정부가 직접 사업을 시행하는 것이고, 후자는 정부가 경제주체로 하여금 해당사업을 독려하는 간접적 역할을 수행하는 것이다.

조세의 정책적 활용의 중심에 자리 잡고 있는 조세지출제도는 민간으로 하여금 공적목표에 매진케 할 수 있는 유인을 제공한다는 이점이 있다. '종업원 교육비공제'를 통해 종업원의 교육기회 확대 유인을 제공하고, '고용 세액공제'는 개별 경제주체로 하여금 고용을 늘리게 하는 효과가 분명하다. 이와 같이 조세감면은 민간의 사적

[표 11] 조세감면의 효과

긍정적 효과	부정적 효과
정책목표의 달성 ←→	자원배분의 중립성 훼손
예산 통한 직접지출부담 감소 ←→	세수의 감소 초래
입법조치로 행정부담 경감 ←→	복잡한 조세구조 초래
민간의 공적목표 추구 유인 제공 ←→	민간의 도덕적 해이 발생 가능성
	정치적 영향력 있는 집단의 혜택

의사결정 유도를 통해 공적 문제를 함께 풀어나간다는 점에서 공감을 얻고 있다.

나. 조세감면에 대한 비판적 시각

조세지출의 정책적 유용성에도 불구하고 조세감면 장치에 대해 회의적 입장을 피력하는 학자들도 상당수 존재한다. 우선 조세감면은 과세기반을 축소함으로써 즉각적인 세수입 감소를 초래하고, 감소분만큼 정부 활동을 제약한다는 것이다. 세수입 감소라는 비용을 치르면서 특정 활동을 독려하는 것은 어디까지나 제로섬(zero-sum) 게임에 지나지 않기 때문에 조세감면 장치에 특별한 의미를 부여할 필요가 없다고 지적한다. 조세감면이 창출하는 사회적 편익에 비해 조세감면으로 인한 세수 감소와 자원배분의 왜곡이 더 클 수 있다는 것이 비판론의 주종을 이루고 있다.

직접지출을 강조하는 일부 학자들은 조세감면이 경우에 따라서 특정 경제 활동과 특정계층에 대한 혜택이라는 비판을 접지 않고 있다. 특히 조세감면이 부문 간(예: 내수산업과 수출산업 간) 불균형을 고착시키는 요인의 하나로 작용하였고, 세법결정 과정에서 영향력이 큰 사회집단이 자신에게 유리하게 조세감면을 유도하고 있다는 입장을 보이고 있다.

일부 비판론자들은 조세감면이 한 번 이루어지면 감면이 기정사실화됨으로써 경직화 경향이 있다고 지적한다. 경제·사회환경의 변화에 따라 감면이 축소 또는 백지화되기 어려워 시간이 경과할수록 통제하기 어려운 수준의 조세감면이 폭넓게 존재해 새로운 사회적 수요에 부응하는 조세감면의 도입이 어렵다는 것이다. 이러한 문제점을 개선하기 위해 조세감면을 새롭게 결정할 때, 감면의 시한을 명시하는 일몰법(sunset law)제도의 도입 필요성이 지속적으로 제기되었다. 조세감면에 대한 비판적 시각은 세제개혁 논의 과정에서 감면을 줄이려는 세제개혁 흐름의 원동력이 되고 있다.

다. 경제발전단계에 따른 조세감면 목표와 효과의 변화

폭넓은 조세감면정책은 경제발전단계에 따라서도 그 유용성과 국민적 공감대가 다르게 평가될 수 있다. 개발경제 시절(1960~1970년대)에는 정부의 전략적 정책목표 달성을 위한 정책수단으로 강도 있게 활용되었다. 해당 분야에 대한 조세감면이 허용되느냐가 그 분야의 전략적 중요성을 반증하는 징표로 간주될 정도였다.

개발 연대를 벗어나 1980~1990년대에는 조세감면의 전략적 중요성이 감소되었다고 볼 수 있다. 민간부문의 자생적 역량이 증대됨으로써 정부의 조세감면이 창출하는 유인효과는 개발시대에 비해 현저히 낮아졌다고 볼 수 있기 때문이다. 이 시점에는 그동안 경제안정과 성장에 초점을 맞추었던 조세감면의 영역이 서서히 사회개발부문으로 옮겨가는 양상이었다.

2000년대, 시장의 역할이 더욱 중시되는 정부·시장 간 역할 배분구도가 형성되면서 정책수단으로서의 조세감면의 위상은 더욱 제한적일 수밖에 없게 되었다. 글로벌 경쟁이 치열해지고 민간의 조세부

[표 12] 국세감면 비율 추이

(단위: 조 원, %)

구분	국세감면액	국세수입총액	국세감면율	구분	국세감면액	국세수입총액	국세감면율
2000	13.3	92.9	12.5	2009	31.1	164.6	15.8
2001	13.7	95.8	12.5	2010	30.0	177.7	14.4
2002	14.7	104.0	12.4	2011	29.6	192.4	13.3
2003	17.5	114.7	13.2	2012	30.1	203.0	12.9
2004	18.3	117.8	13.4	2013	33.8	201.9	14.3
2005	20.0	127.5	13.6	2014	34.3	205.5	14.8
2006	21.3	138.0	13.4	2015	35.9	217.9	14.1
2007	23.0	161.5	12.5	2016(전망)	36.5	232.7	13.6
2008	28.8	167.3	14.7	2017(전망)	37.0	241.8	13.3

출처: 기획재정부, 「조세지출예산서」, 각 연도.
국회예산정책처, 「대한민국 재정 2016」, 2016.

담역량이 획기적으로 향상되고 있는 상황에서 조세정책수단이 가지고 있는 본질적 의미는 계속 변하고 있음에 주목해야 한다.

라. 조세감면에 대한 규제

우리나라의 조세감면(조세지출) 비율은 연도별로 국세수입의 13~15% 사이에 분포하고 있다.[17]

조세감면이 초래하는 부정적 효과를 줄이기 위해 감면을 규제하는 일련의 노력이 전개되고 있다. '국가재정법'은 2010년부터 '조세지출예산서'를 통해 당해 연도와 차기 연도의 국세감면의 추정치를 작성하여 국회에 제출하도록 의무화했다. '조세지출예산서'를 통해 국

---

17 국회예산정책처, 「2015 대한민국 재정」, 2015, p.102.

회로 하여금 조세감면의 내용과 효과를 점검케 함으로써 불필요한 조세감면을 축소·폐지하는 세법 개정의 근거로 활용하라는 정책의지로 해석할 수 있다.

'국가재정법'은 "당해 연도 조세감면율이 직전 3년 평균 국세감면율의 0.5%를 초과하지 않도록" 규정함으로써 조세감면의 확대를 막기 위한 선언적 장치를 마련하고 있다. '조세특례제한법'은 조세지출의 신규도입, 폐지, 일몰기한 연장의 결정을 위해 조세특례에 대한 평가·실시를 규정하고 있다. 완전한 의미의 일몰법에 이르지는 못하였으나, 새로운 조세지출을 도입하는 과정에서 "조세지출의 필요성이 소멸되면 감면을 자동 폐지해야 한다"는 문제의식을 염두에 둔 규정이라는 점에서 조세지출의 방만한 활용을 제약하는 요소로 작용할 수 있고, 앞으로 명실상부한 일몰법 제정의 출발이 될 수 있다고 생각한다.

06

'과세기반이 넓은 조세
(broad-based tax)'로의 개편 주장

가. 감면축소를 통한 과세기초의 확대와 낮은 세율

폭넓은 조세감면으로 인한 과세기반의 축소와 자원배분의 왜곡, 정치적 영향력의 크기에 따라 감면 범위가 설정될 수 있다는 시각 못지않게 감면이 조세 체제를 복잡하게 만들고 있다는 비판이 제기되고 있다. 일반인들이 '세금하면 일단 복잡한 것'으로 생각하는 나머지 세금에 대한 관심이 저하되고 전문가의 조력을 받아야만 납세의무를 제대로 이행할 수 있는 사회적 비용까지 안겨준다는 문제를 방관해서는 안 된다는 것이다.

조세감면이 초래하는 이러한 문제를 개선하기 위해, 조세감면을 없애거나 과감히 축소하여 과세기반을 넓힘으로써 세율을 낮추는 세제개편이 긴요하다는 입장은 경청할 가치가 있다. 이러한 개혁구

[그림 16] 래퍼 곡선

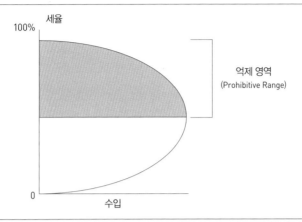

세율

100%

억제 영역
(Prohibitive Range)

0

수입

출처: Arthur Laffer, *The Laffer Curve: Past, Present, and Future*, Backgrounder published by The Heritage Foundation, 2004, p.2.

상은 세제의 단순화를 통해 과세기반(tax base)을 넓히는 대신 세율을 낮춤으로써 상당수 담세자들의 과세 회피 동기를 차단하여 적극적 납세협력을 진작한다는 정책목표를 포함하고 있다. 처음부터 낮은 실효세율로 출발하는 것이 감면 범위가 넓으면서 높은 명목세율을 유지하는 것보다 세수입 확보에 유리하다는 경험적 연구결과도 이러한 주장에 힘을 실어주고 있다.

[그림 16]은 적정 세율을 넘어서면 세수입이 오히려 감소한다는 가설을 보여주고 있다. 이 가설의 이면에는 세율이 일정 수준을 넘어설 경우, 납세자는 세부담을 피하기 위한 적극적 노력을 기울인다는 납세자의 심리를 부각시킨 것이라고 해석할 수 있다. '래퍼 곡선(Laffer Curve)'으로 불리는 세율과 세수 간의 관계는 넓은 과세기초를 유지하며 낮은 세율을 통해 세금을 부과하는 것이 세수 확보에

유리하다는 입장을 옹호하고 있다.

나. '단일비례세율에 의한 부(負)의 소득세제 구상'

'과세기초가 넓으면서 낮은 세율을 유지하여야 한다'는 주장은 세제개혁 논의에 있어 주목을 받고 있다. 이러한 논의는 조세감면 범위가 다양한 소득세·법인세·상속세 등 직접세분야의 세제개편에 있어 주목을 받고 있다.

소득세제개혁과 관련하여 거론되고 있는 '단일비례세율에 의한 부(負)의 소득세제(flat rate negative income tax)'는 이러한 논의와 동일한 맥락에서 이루어진 구상이다.[18] 이 구상은 현행 소득세제가 다양한 감면으로 인해 복잡해진 결과 납세자의 납세의무 이행이 쉽지 않을 뿐 아니라 명목세율과 실효세율 간의 격차가 커지고 있으면서 세부담이 거의 없는 하위소득계층에게는 소득세제가 지향하는 소득재분배 효과가 무력하다는 문제의식에서 출발하였다. 면세점 이하의 하위소득계층의 경우 누진세율구조 자체가 별다른 의미가 없기 때문에 '부(負)의 소득세제'의 도입을 통해 소득을 보장해주는 것이 소득재분배 효과를 분명히 거둘 수 있다는 것이다.

이 개혁구상은 현행 소득세제의 문제점을 개선하기 위해 모든 감면을 철폐하고, 누진세율이 아닌 단일비례세율을 채택함으로써 세

---

18 최광, 「개인소득세제의 문제점과 개편방안」, 국가예산과 정책목표, KDI, 1983, pp.243~291.

제를 단순화하는 혁신적 조치를 제안하고 있다. 누진세율을 단일세율로 전환하는 대신 일정 소득 이하의 납세자들에게는 '일정액×가족수'에 해당하는 만큼 환급(마이너스세금)을 허용함으로써 실질적인 소득재분배 효과를 거둘 수 있다는 내용을 담고 있다. 일정 소득 이하의 소득자에게 가족수에 비례한 일정 액수의 현금환급을 통하여 소득세제 운영 과정에서 실질적인 이전지출이 이루어지게 함으로써 일석이조의 효과를 지향할 수 있다는 장점을 강조하고 있다.

이 구상은 소득세제의 전통적인 특징의 하나인 누진세율을 폐지하고 단일세율로 전환한다는 제안 등 일반인의 상식을 뛰어넘는 매우 혁신적인 구상이어서 수용하기 어려운 측면이 있지만, 이 구상이 의도하고자 하는 메시지는 음미할 필요가 있다.

07
적정 조세부담률
논의의 허실

　우리나라의 조세부담률은 2000년대 이래로 19% 내외, 2016년 예산 기준으로 19.4%로 나타나고 있다. 조세부담이 과연 적정 수준인지를 둘러싸고 많은 논의가 전개되는 과정에서 일부 학자들은 '적정 조세부담률'이라는 개념을 원용하기도 한다. 그러나 국민경제의 차원에서 적정 수치를 제시하는 작업이 용이하지 않다고 할 수 있다. '적정 조세부담률'은 개념상으로 유용한 지표일 수 있으나, 사실상 이를 추계하는 것은 추상적·주관적 수준에 머무를 수 있고 경우에 따라서 자의적일 수 있다. 따라서 '적정 조세부담률' 논의의 한계와 제약점을 살펴봄으로써 우리나라 조세부담률의 향후 전망을 가늠해볼 수 있다.

　첫째, 일부 학자들은 국제비교를 통해 우리나라 조세부담의 적정 수준을 평가한다. 특히 재정통계 확보가 용이한 OECD 가입 국

[표 13] 우리나라의 조세부담률 추이

(단위: %)

연도	2007	2008	2009	2010	2011	2012	2013	2014	2015	2016
조세부담률	19.6	19.3	18.2	17.9	18.4	18.7	17.9	18.0	18.5	19.4

출처: 통계청

가들과 조세부담률을 비교함으로써 우리나라 부담률의 고저(高低)를 판단하고 향후 추가적 부담의 가능성을 예단하기도 한다. 조세부담률의 국제비교가 하나의 참고자료임에는 분명하지만 비교국가 재정·조세제도의 특성을 간과한 채 단순 비교할 때 나타날 수 있는 오류를 배제하기 쉽지 않다.

비교국가의 재정·조세제도는 각기 다른 역사적 변천 과정을 거쳐 형성된 결과 공공부문의 범위 획정이 국가에 따라 차이가 나고 공공부문 활동을 뒷받침하는 조세부담의 범위를 동일한 기준에서 설정하기 어렵다. 특히 OECD 국가 재정지출에서 큰 몫을 차지하는 사회복지 관련 지출과 연계된 부담금을 조세부담의 관점에서 일반화하기 어려운 양상을 띠고 있다.

둘째, 전체 조세부담 수준을 표현하는 조세부담률은 세수구조의 특성과 개별세목이 안고 있는 부담의 중압감을 표현하기 어렵다. 담세자들은 사실상 전체 조세부담률 자체에도 관심을 갖지만 자신이 부담하는 특정세목에 더 큰 관심을 갖는 경우가 많다. 예를 들면, 고소득자들은 소득세의 부담에, 기업인들은 법인세율의 향방에, 소비자들은 부가가치세와 특별소비세 등 자신의 소비 관련 세목에, 흡연자들은 담배소비세의 정액세액에 민감한 반응을 보이는 경향이 있다.

1986년, 부동산시장 과열과 투기 억제라는 정책목표 실현을 위해 도입된 '토지과다보유세'가 대다수 부동산 보유 국민들의 거센 반발로 시행되기 전에 폐지된 바 있다. 1979년 부마사태의 원인 중 하나가 되었던 지역 상인들의 조세저항은 부가가치세제 도입으로 과세표준이 양성화되어 실질부담이 증가될 것을 우려한 데 기인한 것이다. 이러한 사건들이 전체 조세부담률이 높아진 데 대한 불만의 결과가 아니었음은 개별세목이 담세자의 반발을 유도하는 도화선이라는 점을 일깨워준다.

셋째, 남북한 대치 상황에 따른 우리나라 방위비의 특수성도 적정 조세부담 수준을 평가하는 과정에서 고려해야 할 요소이다. 2017년 기준으로 40조 3000억 원, 정부예산의 약 10%에 이르는 방위비는 조세수입에서 괄목할 만한 비중을 차지한다. 방위비지출이 주요 국가의 정부예산 대비 방위비 비율을 넘어선다면, 조세부담의 적정성을 판단함에 있어 그에 상응하는 할인적(discount) 접근이 필요하다. 일부 학자는 방위비 부담을 뺀 상태에서 조세부담률 국제비교를 제안하고 있음은 이러한 방위비의 특수성을 감안한 결과라고 말할 수 있다.

넷째, 공공 서비스에 대한 국민들의 만족도, 정부 활동의 효율성과 투명성 정도도 조세부담의 과중을 판단하는 데 영향을 주는 간접 요소의 하나로 간주된다. 정부 활동이 국민들의 기대욕구에 부응하면서 효율적으로, 그리고 투명하게 이루어질 때 조세부담에 대한 심리적 부담감은 완화될 수 있다. 이러한 상황에서는 추가적 부담도 국리민복에 직결될 수 있다는 공감대가 형성됨으로써, 적정 조세부담이 상향조정될 수 있는 여지가 존재한다고 할 수 있다.

이러한 적정부담 수준 판별에 영향을 주는 몇 가지 요소들을 고려할 때, 적정 조세부담률에 관한 논의는 궁극적으로 현재의 부담을 넘어서는 추가적 조세부담이 가능할 것인지, 이러한 과정에서 추가부담에 대한 유보적 입장을 극복할 수 있을지의 문제로 귀결될 수 있다.

혹시라도 추가부담이 경제 활동의 위축을 현저히 초래하지 않고 자원의 역외유출을 야기하지 않는 범위 내에서 '적정 조세부담률'의 논의가 유효하다고 말할 수 있다. '적정 조세부담률' 논의는 '적정 재정규모' 논의와 사실상 동전의 양면이라고 할 수 있다. 국민들의 기대욕구를 어느 범위까지, 어느 수준으로 수용할 것인지의 정치적 판단과 이에 의거한 국민적 선택에 따라 궁극적으로 '적정 조세부담률' 수준이 좌우될 수 있다.

08
조세행정의 권력성과
투명화

가. 집행 과정의 재량이 권력성의 뿌리?

우리나라 주요 중앙정부 행정기관의 장(長) 중에서 국회 인사청문회를 거치는 차관급 자리로는 경찰청장과 국세청장이 있다. 238조 원 규모(2017 회계연도 예산 기준)에 달하는 국세수입을 관장하는 만큼 그 역할이 중대하다고 할 수 있으나, 조세수입은 국회의 철저한 심의·의결을 거친 세법의 집행 결과라는 점에서 국정운영의 향배와는 그렇게 관련이 깊지 않고, 지대한 국민적 관심의 대상이 되기 어렵다. 그럼에도 국세청장이 임명 과정에서 국회의 청문회를 거치도록 한 것은 우리나라에서 국세청의 위상이 평범하지 않다는 사실을 말해준다. 평범하지 않다는 사실은 국회의 명시적 동의를 거친 세법 못지않게, 세법의 집행이 아주 중요한 과정임을 암시한다고 볼 수 있다. 법을 집행하는 것은 단순한 수준의 행정 작용임이 틀림없다. 그럼에도 그러한 행정 작용이 국민적 관심의 대상이 되는 것은 세부담의 결정에 상당 수준 영향을 줄 수 있기 때문이라고 해석할 수 있다. 만일 '결정적 영향'을 미친다면 세액결정 과정에서 세무당국의 재량적 판단이 깊이 내재되어 있음을 말해준다.

납부해야 할 세금은 기본적으로 '세율×과세표준'에 의해 결정되고, 과세표준은 부과대상 액수를 산정하는 기술적인 행정 과정이다. 법인세를 예로 들면 총매출, 총비용, 각종 경비공제, 과세대상 법인소득산정, 세액공제 등 세무회계자료를 검토하는 방대한 작업을 거칠 수밖에 없다. 이 과정에서 세법의 해석에 대한 차이가 발생하고 매출과 경비의 진정성 여부에 대한 조세행정당국의 판단이 궁극적인 세액결정을 좌우하게 된다.

나. 납세의식 수준과 조세행정 간의 괴리

납세의무가 있는 기업이 완벽한 수준으로 투명하게 법령을 준수한다면, 그리고 법령해석이 논란의 여지없이 일관되게 이루어질 수 있다면 세법의 집행이 특별한 다툼 없이 원만히 완결될 수 있다. 그러나 현실세계에서는 이러한 투명성과 합리적 절차를 기대하기 쉽지 않다. 기업을 포함한 납세자들의 의식·관행이 세법의 명백한 적용의지와의 사이에 괴리가 존재할 수밖에 없다. 특히 우리나라의 납세문화는 아직도 납세자의 기대·관행과 세법을 집행하는 세무당국의 법의식·행태 간에 괴리가 분명 존재한다.

이러한 괴리는 경우에 따라서 납세자들이 자연스럽게 암묵적 탈세자로 의심받을 수 있게 되는 상황으로 전개될 수 있다. 바로 이러한 납세문화하에서 세금징수권을 가진 국세청의 판단과 결정이 영향력을 갖게 된다. 이러한 영향력이 조세행정권이 갖고 있는 공적 권력의 요체라고 말할 수 있다. 납세문화가 선진화될수록 조세권력의 의미는 약화되지만, 세금의 암묵적 회피의 동기가 존재하고, 냉정한 법령준수의지가 발현되지 않는 한 조세집행권의 행사는 많은 경제주체들에게는 위협적 대상이 될 수 있다. 의도적 세금 회피는 내지 않은 세금을 추가로 징수하는 의무로 종결되는 것에 그치지 않고 사법적 심사의 대상으로 연계되는 만큼 해당 기업이나 경제주체에게는 도덕성 훼손은 물론이고 존립에도 영향을 줄 수 있다. 그런 만큼 조세행정권의 행사가 내포하는 '응징성'은 일반인들의 상식 수준을 넘어선다.

다. 선별적 조세공권력의 행사

행정권력을 장악한 집권주체가 이러한 조세집행 공권력을 강도 높게 활용한다면 납세자에게 끼치는 파급효과는 지대하다. 종종 주요 기업인이 세금탈루혐의로 사법심사의 대상이 될 때, 자신의 혐의는 정치적 이유에 기인한 것이라는 변명을 쉽게 접할 수 있다. 상당수 국세청장이 퇴임 후에 새로운 권력으로부터 징벌대상이 되었던 사례는 조세공권력 행사가 지니고 있는 '양날의 칼'의 단면을 보여주는 것이다.

조세집행권 행사 과정에서 가장 큰 이슈가 되는 것은 다름 아닌 '선별적' 조세공권력 행사이다. 모든 경제주체에게 동일한 강도의 조세공권력 행사가 이루어진다면, 이에 대한 형평성 문제는 부각되기 어렵다. 그런데 만일 특정 기업이나 특정 경제주체를 대상으로 강도 높은 조세집행권이 선별적으로 행사된다면 분명 선별성에 대한 이의제기가 명백해진다. 더구나 그러한 '선별성'에 정치적 동기가 내재된 것으로 의심을 살만 한 근거가 존재한다면 분명 조세집행권 행사의 정당성이 훼손될 수밖에 없다. 혹시라도 정권창출 과정에서 발생한 '정치적 거리감'(?)이 조세공권력 대상의 실마리가 되었다고 한다면 명백한 세법위반 여부를 불문하고 조세공권력 행사의 정당성이 훼손될 수 있다. 정치적 동기가 내재되어 있는 한 조세공권력이 정치적 응징수단으로 사용되었다는 의구심에서 벗어나기 어렵기 때문이다. 정치적 동기가 내재된 것으로 의심받는 조세집행권 행사는 일정한 기간이 지나 정부교체가 이루어질 때 오히려 사법적 심사의 대상이 되었던 사례를 쉽게 찾아볼 수 있다.

라. 투명하고 공정한 조세공권력 행사
—특별세무조사의 개혁

조세 관련 법령을 단순 집행하는 국세청을 이른바 권력기관으로 칭하는 것 자체가 조세행정의 '낙후성'을 보여주는 것이다. 조세공권력의 임의개입이 가능할 수 있는 토양이 개선되지 않는 한 선별적 조세공권력 행사 문제는 해결되기 어렵다. 엄중해야 할 국가재원조달 시스템이 정치적 동기에 의한 조세권력의 선별적 행사에 의해 영향을 받을 수 있다면 조세민주주의의 근간을 흔드는 부적절한 권력 행사라고 볼 수 있다.

이런 점에서 선별적 조세공권력 행사의 주축이 되는 '특별 세무조사'의 존재형식과 행사방식은 개혁되어야 한다. '정치적 동기', '선별성', '예측불허'에 대한 우려를 불식하는 작업이 개혁 노력의 핵심이라고 볼 수 있다.

납세의무의 회피를 막기 위해서는 세무조사가 불가피한 행정 작용이다. 이러한 불가피성의 정당성을 높이기 위해서라도 조사대상의 선정이나 과정이 공정해야 한다. 피조사자인 납세자가 공정한 세무조사라고 믿을수록 '정치적 동기', '선별적 행사'에 대한 의구심이 배제될 수 있다. 이러한 공정한 조사 시스템을 가동하려면 세무조사행위의 투명성이 보장되면서 정치적 동기에 의한 선별적 조사행위가 자리 잡을 수 없도록 조세당국의 책임을 담보하는 장치가 보강되어야 한다. 선별적 조세권력의 행사에 대한 배제를 법적으로 다짐하는 절차가 국세청장의 임용 과정에 반영될 필요가 있다.

선별적 세무조사에 대한 불신을 배제하려면 납세자와 세무당국 간 상호신뢰의 기반을 강화하는 '부담 세액의 결정 시스템'을 보다 투명하고 치밀한 수준으로 입법화하는 작업이 필요하다. 이러한 제도 개선은 국민의 납세의무 집행 과정을 한 단계 격상시킴으로써 조세민주주의의 근간을 튼튼히 할 수 있다.

8장

예산개혁은 어떤 방향으로 이루어져야 하는가?

01
중앙정부의 분야별
지출규모와 구조

　중앙정부의 지출규모(일반회계, 특별회계 예산과 기금의 총계)는 2017년 예산안 기준으로 400.7조 원에 이르고 있다. 분야별 재원 배분 내역을 살펴보면 보건·복지·노동부문이 32.4%(130조 원), 일반·지방행정부문이 15.9%(63.9조 원), 교육부문이 14.1%(56.4조 원), 국방부문이 10.1%(40.3조 원)로 4개 부문이 총지출의 70% 선을 넘어서고 있다. SOC부문은 5.4%(21.8조 원), 농림·수산·식품부문은 4.9%(19.5조 원), 산업·중소기업·에너지부문은 4.0%(15.9조 원)로 경제·산업지원 예산이 총지출의 14%를 약간 상회하고 있다.

　이러한 부문별 지출구조에 비추어, 복지·교육부문과 지방정부지원이 중앙정부지출의 62%를 넘어서는 핵심축을 형성하고 있음을 알 수 있다. 이렇게 높은 점유비율을 차지하는 이유는 교육부문과 일반·지방행정부문에 각기 지방교육재정교부금(45.9조 원)과 지방교부세(40.6조 원)가 포함되어 있기 때문이다. 지방교육재정교부금과 지방교부세는 중앙정부의 총지출에 계상되어 있지만 지방교육자치단체와 지방자치단체로 전액 이관된다는 점에서 최종 지출의 권한은 지방교육자치단체와 지방자치단체에 귀속되어 있다는 사실에 유념해야 한다.

2010년대의 중앙정부 지출구조가 1970~1980년대 개발경제 시절과 두드러진 차이를 보이는 분야는 국방부문과 경제·산업부문이다. 1970년대 후반까지만 해도 일반회계세출의 30% 이상을 차지했던 국방비가 2017년 기준으로 10% 수준에 머무르고 있다는 사실은 그동안 재원조달역량이 획기적으로 향상된 결과 국방비의 상대적 비중이 낮아지게 되었음을 말해준다. 경제·산업부문 역시 개발경제 시절 중앙정부 지출의 괄목할 만한 비중을 차지했으나 2000년대 들어서 그 비중이 점점 낮아지면서 복지를 포함한 사회개발부문의 비중 증대로 대체되고 있음을 확인할 수 있다.

[표 14] 2017년 중앙정부 총지출의 부문별 비중

(단위: 조 원, %)

구분	금액(조 원)	구성비(%)
보건·복지·노동	130.0	32.4
※일자리	17.5	4.4
교육	56.4	14.1
※지방교육재정교부금	45.9	11.5
문화·체육·관광	7.1	1.8
환경	6.9	1.7
R&D	19.4	4.8
산업·중소기업·에너지	15.9	4.0
SOC	21.8	5.4
농림·수산·식품	19.5	4.9
국방	40.3	10.1
외교·통일	4.6	1.1
공공질서·안전	18.0	4.5
일반·지방행정	63.9	15.9
※지방교부세	40.6	10.1
◆ 총지출	400.7	100.0

주: 2017년 예산(안), 일반회계·특별회계·기금을 포함하는 통합재정 개념 기준임
출처: 기획재정부, 「2017년 예산안」, 2016.

[표 15] 개발 연대 일반회계 세출구조의 비율추이

(단위: 10억 원, %)

연도	국방비	일반경비 및 기타	투융자(개발비)	합계
1973	191.0(29.3)	177.9(27.3)	282.7(43.4)	651.6(100.0)
1976	703.8(32.4)	469.1(21.6)	997.6(46.0)	2,170.5(100.0)
1979	1,556.2(30.8)	946.6(18.7)	2,550.4(50.5)	5,053.2(100.0)

주: '투융자' 항은 '사회개발' 항과 '경제개발' 항을 합친 것임
출처: 재무부, 「결산개요」, 각 연도.
　　한국조세연구원·재경회, 「한국의 재정 60년」(매일경제신문사, 2011), p.117에서 재인용.

02
예산개혁의
기본정신

가. 예산의 제도적 고정성과 신규사업 채택의 어려움

세출예산은 나라살림살이의 명세서라고 할 수 있다. 매 회계연도마다 정부의 편성, 국회의 심의·의결을 거쳐 확정되는 정부예산은 일반인이 생각하는 것처럼 매년 내용이 달라지는 것이 그렇게 많지 않다. 세출예산 대부분의 지출과 관련 사업이 법령, 계약, 관행에 의해 지속적으로 이루어져오는 것이어서 국가비상사태나 경제위기의 발생 때를 제외하고는 예측가능성이 높다고 볼 수 있다. 일부 국민들은 새로운 정부가 들어서면 세출예산의 규모와 구조가 괄목할 만하게 변할 것으로 생각하고 있으나, 사실상 새 정부가 예산구조를 변화시킬 수 있는 범위는 극히 제한적이고 그나마 상당한 시간을 요한다.

세출예산이 갖고 있는 '제도적 고정성(institutional rigidity)'으로 인해 새로운 사업이 예산에 수용되는 것은 분명한 명분이 없는 한 그렇게 용이하지 않다. 흔히 세출예산이 경직적(uncontrollable) 구조를 띠고 있다는 것은 법령에 의거하고 제도적 절차를 거쳐야 하는 공적 예산의 속성이라고 말할 수 있다.

각계 국민의 요구를 수용해야 하는 정부 각 부처는 매년 신규사업계획을 새해 예산에 반영하기 위해 치열한 노력을 경주한다. 새로 취임한 대통령이 선거 과정에서 제시한 공약을 예산에 반영하려면 별도의 증세조치가 없는 한 기존의 사업을 줄이거나 우선순위를 재조정하는 방법밖에 없다. 기존 세출예산은 항목마다 나름의 근거와 명분이 있어 수용된 것이어서 삭감, 폐지를 시도할 경우 제약과 저항에 직면하게 된다. 예산항목 하나하나마다 관련된 수요 집단과 수혜자 계층이 존재하기 때문이다. 새로운 예산을 확보하지 못했을 때의 불만보다 기존에 존재하는 예산이 삭감될 때의 불만이 월등히 크다는 사실을 간과하기 쉽다. 설령 신규사업이 세출예산에 반영되는 결정이 이루어졌더라도 예산이 집행되려면 편성, 심의, 의결, 확정, 집행의 예산순기를 상당 기간(2년 내외) 거쳐야 된다는 점을 이해해야 한다.

나. 부문별 균형의 유지

예산개혁의 궁극적 목표는 국민의 세금으로 조성된 재원이 국민의 보편적 기대욕구에 부응할 수 있도록 최적 수준의 배분을 도모하는 것이다. 소비자이론의 한계효용균등의 법칙이 암시하는 바와 같이 정부지출도 부문별 한계편익이 고르게 배분되어야 한다는 일반이론에서 크게 벗어날 수 없다.

이를테면 일반행정, 질서유지, 국방, 사회간접자본 형성, 교육, 사회복지 등 세출의 기능별 대(大)분류를 염두에 둘 때, 어떤 정권은 국가경쟁력을 강화한다는 명분하에 유난히 사회간접자본 형성에 많은 예산을 배정할 수 있는 반면 사회정의 실현을 강조하는 다른 정권은 복지부문에 대한 예산배분을 획기적으로 늘릴 수 있다. 그러나 특정분야에 적정규모를 넘어서는 과도한 지출이 바람직하지 않은 것처럼 특정 분야에 적정규모에 현저히 미달하는 지출도 소망스럽지 않다는 점에서 세입 범위 내에서 부문별 균형을 이루는 것이 바람직하다.

이러한 부문별 균형원칙은 특정 이념이나 특정 정파가 취하는 정책비전에 따라 예산구조가 급격히 변화하는 것은 국민의 보편적 이익의 실현을 제약할 수 있다는 점을 감안해야 한다는 것이다. 특정 정치이념의 추구에 대한 일정 수준의 국민적 공감대가 형성되었더라도 점진적인 지출구조 변화 노력이 국민의 보편적 이익 실현 노력과 양립되는 범위에서 이루어지는 것이 재정운영의 기본 원칙이라고 말할 수 있다.

다. 예산의 경직성 개선과 '재정적 대응역량'의 향상
─신규·비상 수요에의 탄력적 대응

'예산의 고정성'으로 인한 경직적 구조는 새로운 신규 수요에 대응하는 데 가장 큰 장애요인이며 이를 완화·타파하는 노력이 예산개혁의 핵심개념이라고 할 수 있다. 예산의 경직적 구조의 개선이 용이하지 못한 것은 예산 항목의 신설 과정에서 이익단체, 관료기구, 대의기구 등 다양한 통로의 정치적 이익이 투입되었기 때문이다. 이러한 정치적 이익의 상당 부분은 보편적 국민이익과 일치할 수 있지만 특정이익의 존재를 부인하기 어렵다. 역설적으로, 특정 집단이 특수이익을 방어하려는 힘이 보편적 이익을 유지하려는 유인보다 더 클 수 있다는 점을 간과해서는 안 된다.

국가경쟁력은 여러 측면에서 설명할 수 있지만, 그중에서 정부의 재정적 대응역량은 참으로 중시되어야 할 기준이다. 국가나 국민경제가 위기 상황에 처해 있을 때, 이에 대처할 수 있는 주요 동력의 하나가 '재정적 대응력'이다.

이를테면 1990년대 후반 외환위기에 처해, 우리가 국제금융기구나 주요 선진국들에게 도움을 청했을 때, 국제금융기구나 채권국들은 한국경제의 성장잠재력은 물론이고 채무 이행에 대한 정부의 공신력을 평가했을 것이다. 정부공신력의 잣대 중 가장 중요한 기준의 하나가 바로 정부의 재정대응역량이라고 볼 수 있다. 1990년대 외환위기 수습에 개입했던 국제기구 임원이 당시 한국정부의 건전한 재정구조와 추가적(또는 잠재적) 재원조달역량이 한국에 대한 지원결정의 핵심요소였다고 언급했음은 국가의 재정대응역량이 위기 극복 과정에서 주요 변수가 될 수 있음을 말해준다.

라. 재정의 건전성 확보와 잠재역량의 증대

예산개혁의 주요 목표 중 하나가 바로 재정의 건전성을 유지하면서 재정의 잠재적 대응력을 키우는 데 초점을 맞추어야 한다. 우선 국가채무를 줄이려는 노력은 재정의 건전성을 유지함에 있어서 필수 과업이다. 국가채무가 누적될수록 재정의 대외지불역량은 낮아짐은 물론이고 미래세대의 부담으로 전가되기 때문이다.

더 나아가서 세출예산의 경직적 구조를 개선함으로써 긴급한 재정수요나 국민적 공감대가 높이 형성되고 있는 분야에 대응할 수 있는 잠재역량(reserve capacity)을 증대시켜야 한다. 재정상황에 따라 조정이 가능할 수 있는 탄력적이며 유연한 영역을 확보함으로써 긴급하게 형성된 재정수요에 대처할 역량을 갖추는 재정정책의 기조는 '재정이 국가의 최후의 보루'라는 서구 재정학자의 언급과 궤를 같이한다.

재정의 잠재역량은 세출부분의 탄력적인 잉여역량 못지않게 추가적 조세부담의 가능성이 존재하는가에 달려 있다. 이미 정부의 '조세재원 확보 노력(tax effort)'이 과도하다면 잠재적 부담역량이 존재하기 어렵다는 점에서 정부는 항상 적정 수준의 조세부담률을 유지하는 노력을 경주함으로써 비상시에 추가적 조세재원조달이 순조롭게 이루어질 수 있는 영역을 확보해놓을 책임이 있다.

마. 정치적 이익의 '배제'와 '용인', 차선의 선택?

예산개혁을 도모하는 과정에서 가장 어려운 난관은 정치적 이익을 배제하는 일이다. "정치 과정을 거쳐야 하는 법령제정과 예산결정이 과연 정치적 이익을 배제할 수 있을 것인가"가 예산개혁의 성공을 좌우하는 핵심요소라고 할 수 있다. 이론적 당위성, 관료제의 중립성, 통치권의 순수한 의지가 존재하더라도, 선거를 통한 정치적 경쟁이 상존하는 상황에서 특수이익 또는 정치적 이익의 투입을 배제하는 것은 쉽지 않다고 볼 수 있다. 다만 정치적 이익을 균형 있게 조율할 수 있는 협의와 타협이 존중되는 정치문화가 형성될수록 차선의 개혁에 다다를 수 있다고 본다. 차선이란 부분적으로 정치적 이익의 투입을 용인하면서 국가재정의 장기적 비전과 국가경쟁력의 본질을 존중하는 것이다. 이런 차선의 노력이 지속될수록 예산개혁은 점진적으로 진척될 수 있을 것이다.

03

영기준 예산편성(zero-base budgeting)의 실행

400조 원에 이르는 중앙정부 예산은 구조와 내역이 복잡할 수밖에 없다. 그러한 정부예산을 종합적으로 파악하고 공공재원의 미시적·거시적 배분의 향방에 관심을 쏟는 기관의 하나가 사실상 '예산실'(현재는 기획재정부 소속)이라고 해도 과언이 아니다. 일개 정부부처의 실(室) 단위 정부기구가 방대하고 복잡한 정부예산의 문제점을 주기적으로 진단하고 합리적 편성을 주도하는 데는 인적·정치적·시간적 한계가 존재함이 분명하다.

이러한 한계를 고려할 때, 합리적 예산결정은 정부 각 부처를 구성하는 기본단위[국(局)·과(課)]가 편성의 초기 예산(안) 요구단계에서 출발되어야 한다. 중앙예산 관장부서(예산실)가 아무리 심혈을 기울여도 수백 개의 조직단위에서 제안된 수천 개의 주요사업을 합리적으로 분석·검토·조정한다는 것은 사실상 기대하기 어렵기 때문이다.

더 나아가서 대부분의 정부부처나 공공기관은 다음 해의 예산 (안)편성단계에서 기존사업을 전년도 대비 일정비율 증가시킴으로써 별다른 쟁점을 초래하지 않으면서 단순 연속선상에서 기관의 활동을 수행하려는 행태에서 벗어나기 어렵다. 예산학자 아론 윌다브스키(Aaron B. Wildavsky, 1930~1993) 교수는 관료제의 이러한 특성을 예산결정의 '점증주의적(incrementalism)' 행동패턴으로 설명하고 있다. 점증주의적 패턴은 상식적 수준의 예산 증가율을 통해 원만한 예산결정을 지향하며 최소한의 정치적 지지를 유지할 수 있으나, 환경 변화에 적극 대응하며 자원배분의 최적화에 매진하려는 의지가 없다는 점에서 합리적 예산편성의 제약요인으로 작용할 수 있다. 따라서 이러한 행태를 개선하는 것도 예산개혁의 한 측면이라고 볼 수 있다.

이런 점들을 감안한다면, 정부의 각 조직단위는 차기연도의 예산요구(안)을 작성하는 과정에서 사업의 타당성과 우선순위를 주도면밀하게 검토하는 전통과 문화가 확립되어야 한다. 이러한 당위론적 주장에 대해 이의를 제기할 사람은 없을 것이다. 그러나 사실상 현실적으로 초기편성단계에서 합리적 편성 노력이 자발적으로 이루어지는 것은 기대하기 어렵다고 볼 때, 예산편성 발상의 전환을 유도하는 제도적 장치가 긴요하다.

기존의 사업을 일단 백지상태(zero-base)에 놓고 타당성과 우선순위를 재검토하고, 기존사업과 새로운 구상의 사회적 가치 창출의 수준을 비교함으로써 예산요구(안) 자체를 주기적으로 재구조화(reshuffling)하는 작업이 필요하다. 이른바 영기준 예산편성으로 일컨는 이 방식은 이미 오래전부터 주요 국가의 예산개혁구상으로 제시된 바 있었고 우리나라에서도 1980년대 전반 이래 예산편성의 기조로 강조되어왔다.[19]

이 구상은 한마디로 예산의 대청소 작업에 비유할 수 있다. 집 안이나 사무실을 힘이 들더라도 종종 대청소를 해야 구석구석 숨겨진 먼지를 털어낼 수 있는 것처럼, 예산도 관행과 제도에 가려진 비효율과 타성에 젖은 사업을 제거해야 새로운 사회적 요구를 수용할 수 있는 재정적 공간이 마련된다는 근거에서 출발한 것이다.

영기준 예산의 접근은 정례적으로 이 방식에 기초한 편성의 의무를 부여한다는 점에서는 제도적 차원의 문제일 수 있으나, 사실상 예산(안)편성을 담당하는 관료제와 심의를 맡고 있는 국회의 의식과 의지, 그리고 동기를 어떻게 촉발하느냐의 문제로 귀결될 수 있다.

---

19 한국조세연구원·재경회, 『한국의 재정 60년』, 매일경제신문사, 2011, pp.143~145.

04

편성기관의 자율성과 책임성의 조화: '총액예산편성방식'의 활용

공공기관→부처→기획재정부 예산실로 연결되는 행정부의 예산 과정에서 핵심단계는 예산실이 각 기관으로부터의 편성요구를 세입 예산범위 내에서 우선순위 조정, 삭감, 증액, 신규사업 수용을 결정 하는 것이다. 예산실이 주도하는 현행 결정 시스템은 국가재정의 틀 속에서 국정이념과 부처의 기대를 조율하는 순기능을 갖고 있지만, 최초 편성기관인 각 부처와 공공기관의 본질적 판단과 자율적 역량 을 신장시키지 못하는 문제점을 안고 있다.

현장에 익숙한 행정각부와 공공기관이 '근접성의 이점'을 살리면 서 스스로 우선순위를 조율할 수 있는 역량을 키워나간다면 최종 정부예산안의 경쟁력은 향상될 수 있다. 각 기관의 예산편성역량의 향상은 자연스럽게 중앙예산부서의 인적자원을 국가적·총체적·정 치적 목표와 이익의 배합을 융화하는 데 쏟을 수 있다.

예산결정 과정에서 행정각부의 자율성을 존중하면서 이에 못지않게 책임감을 중시하는 풍토가 조성되어야 한다. 일반적으로 행정 관료제는 사업의 제안에는 의욕적이지만 예산이 확보된 후에는 책임자의 교체, 새로운 동기유발의 결여 등의 이유로 사업의 효율적 추진에는 '덜 의욕적'일 수 있다는 점이 과소평가되어서는 안 된다. '사업의 제안→사업의 착수→사업의 지속적 추진'이라는 능동적 집행 패턴이 이어질 때 예산배분의 효과를 극대화할 수 있다고 보기 때문이다.

이런 측면에서 예산편성의 자율성과 책임성을 조화하기 위한 방안의 하나로서 '총액예산편성제도'의 활용을 들 수 있다. 이 방식은 각 부처 또는 공공기관이 주요 쟁점사업을 제외하고는 중앙예산당국의 세부적 예산안 심사를 거치지 않고 총액규모로 예산을 편성하고 총액범위 내에서 해당기관이 자율적으로 세부예산을 편성, 운영하는 방식이다. 총액범위 내에서 각 부처나 기관의 자율적 예산편성을 중시함으로써 우선순위 조정, 삭감, 증액 결정, 신규사업 편입 등 일련의 예산결정을 주무부처가 주도하는 것이다. 각 부처에 예산편성의 재량권을 부여하는 대신 편성·운영에 대한 책임을 강조하는 시스템이 보완될 때 소기의 성과를 거둘 수 있다.

2000년대 들어, 총액예산편성방식이 일부 시도되고 있으나 아직 중앙재정당국의 이에 대한 확고한 의지가 결여되어 있을 뿐 아니라 부처 관료제의 예산편성능력의 한계로 이러한 방식의 활용이 적극적으로 이루어지지 못하고 있는 양상이다.

소관부처가 예산절감을 통하여 효율적인 재원 활용을 촉진하기 위한 일환으로 '예산절감 유인부여 방식'을 널리 활용하는 방안도 경청할 가치가 있다. 사기업분야에서 널리 활용되고 있는 이 방식은 이미 확정된 예산을 기관 스스로 절감 성과를 거둘 때, 예산절감분만큼 신규사업에 배정할 수 있는 재량권을 부여하는 것이다. 신규사업을 채택할 수 있도록 보장하는 것은 해당 부서의 입장에서는 의미 있는 유인이라고 할 수 있다. 민간기업에 비해 비용절감 동기가 낮은 공공조직의 구성원들에게 '비용 개념'을 주지하고 궁극적으로 국민 세금을 알뜰하게 사용한다는 공복의식을 확산하는 데 일조할 수 있다.

이제 중앙재정당국(예산실)이 세입예산 범위 내에서 국정우선순위의 조율과 부문별 배분에 주력하면서 행정부처가 개별사업과 세부 지출내역을 결정하는 예산편성권한의 합리적 역할분담이 명료하게 설정될 시점이라고 생각된다.

05

도덕적 해이의 방지:
일몰제 편성방식과 법령제정의
비용추계의무

정부의 예산편성 과정에서 자율성과 책임성을 부여하는 상호신뢰 개념에 기초한 예산편성개혁 노력은 예산 성립 과정에서 발생할 수 있는 도덕적 해이를 방지하는 시스템이 작동할 때 개혁의 의미를 더욱 살릴 수 있다. '신뢰'와 '도덕적 해이의 배제'가 인간사에서 동의어인 것처럼 예산제도 운영에서도 동전의 양면이라고 해석할 수 있다.

가. 예산 확정 과정에 일몰제의 도입

주무부처의 신규사업 예산요구가 예산편성으로 귀결되는 과정에서 일정조건이 충족된 후, 아니면 일정 기간이 지나도 예상했던 성과가 드러나지 않을 때 예산배정이 자동적으로 종결된다는 단서를 규정화하는 방안을 상정할 수 있다. 이른바 일몰제 예산편성(sunset budgeting)으로 일컫는 이 방식은 이미 국회의 법안제정 과정에서의 일몰제 입법(sunset legislation)방식에서 유래한 것이다.

예산에 반영된 정부의 상당수 프로그램이 여건 변화로 인해 유효성이 감소했음에도 프로그램이 내포하고 있는 제도적 관성의 힘으로 연장·존속되는 가능성을 배제할 수 없다. 새로운 예산항목의 확정 과정에 예산배정의 효력이 상실될 수 있는 조건을 명시함으로써 추후 우선순위가 저조한 사업을 퇴출시킬 장치를 마련하는 것이다. 이러한 장치가 제대로 작동할 경우, 신규사업의 요구 과정에서 주도면밀한 예측과 분석이 실행될 수 있는 장점을 살릴 수 있을 뿐 아니라 사업의 축소·폐지 과정에서도 이해당사자의 반발을 완화할 수 있다.

나. 법령제정 시 비용추계 의무

법 제정은 경우에 따라 괄목할 만한 예산지출을 수반할 수 있다. 만일 법 제정 과정에서 이러한 사실이 검토되지 않고 통과되었다면 분명 재정적 측면에서 도덕적 해이가 잠복되어 있다고 말할 수 있다. 행정부가 제안하는 법률안은 행정부 내부의 제도적 절차를 거치기 때문에 이러한 가능성이 낮지만 의원입법의 경우 의무적 예산지출항목이 포함되어도 주도면밀한 검토가 생략된 채 통과될 수 있다. 이렇게 되면 법률 확정 후 예상치 못한 예산편성 수요가 발생하게 된다. 이러한 문제점을 개선하기 위해 국회의 법안 심의단계에서 비용추계를 의무화하는 법이 제정되었다.

2015년 통과된 개정 국회법은 예산이 수반되는 의원발의 법안에는 국회 예산정책처의 비용추계를 의무화하도록 규정하였다. 그러나 정치적 대의기구의 성격과 위상은 이러한 비용발생 여부와 예산반영의 타당성을 심도 있게 고려하는 분위기를 우회하고 있다고 볼 수 있다. 국민의 입법적 대의기구라는 점을 감안할 때, 국민부담과 직결되는 미래 예산소요의 가능성이 엄격히 고려되어야 한다. 국민적 기대에 부응하는 법안이라면 비용추계와 예산소요도 담세자의 입장을 고려하는 성숙된 정치문화의 조성이 긴요하다.

06

통합재정수지 개념에 입각한
재정수지관리

가. 다기화된 정부회계: 일반회계, 특별회계, 기금

정부 활동이 단순하고 정태적이었던 시절에는 정부의 수입·지출을 관리하는 회계 시스템이 일반회계(general account) 중심으로 운영되었다. 그러나 정부 활동이 다양화되고 새로운 공공수요가 발생하면서 조세수입을 근간으로 예정된 지출을 계리하는 전통적 일반회계 시스템으로는 다기화된 수입과 특별한 목적의 지출을 관리하기가 어려웠다. 따라서 특정 활동과 관련된 수입·지출 및 특정자금을 일반회계와 별도로 분리하여 다루는 것이 공정하고 효율적이라는 데서 특별회계와 공공기금의 개념이 출발하게 되었다.

그러기에 정부의 재정은 일반회계, 특별회계, 기금으로 구분되어 정립되었고 각기 고유의 목표에 따라 운영·관리되고 있다. 일반 조세수입 등을 기초로 통상적 정부 활동을 계리하는 국가재정의 근간을 이루는 회계 시스템인 일반회계와 달리 특별회계는 특정한 세입 또는 조세수입 이외의 수입을 통해 특별한 목적에 국한하여 특정 정부 활동 및 사업을 계리하는 회계 시스템으로 자리 잡게 되었다.

재원의 소스에 따라 일반 조세수입에 의해 정부지출을 다루는 일반회계, 특정한 세입 또는 다양한 수입을 토대로 특정분야의 지출을 관리하는 특별회계로 구분하는 것은 2가지 회계의 공공경제학적 성격의 차이를 분명히 드러낸다. 일반회계는 국민전체를 대상으로 한 보편적 지출을 다룬다는 점에서 대부분 활동이 일반적 보상관계의 성격을 띠고 있는 반면 특별회계는 특별한 정부 활동과 관련하여 비용을 분담하고 그 혜택을 받는 상호적 보상관계를 기반으로 삼고 있다.

기금 역시 정부가 특별한 목적을 달성하기 위해 특별한 재원을 운영할 수 있는 재원조성 장치로써 부담금 등 가격기구적 수입, 출연금, 일반회계·특별회계로부터의 전입 등 다양한 재원조성 통로를 갖고 있다. 기금의 활동이 세금에 전적으로 의존하지 않고 특정부문의 공공이익을 실현하기 위해 설치되었다는 점에서 특별회계와 유사하다. 다만 기금은 특별회계에 비해 운영의 유연성이 높고 정부가 특정 정책목표 달성을 위해 재정지원이 필요하다고 판단될 때 신속하게 대응할 수 있는 이점을 갖추고 있다.

기금은 설립목적에 따라 크게 금융 기능을 수행하는 기금과 정부부처의 특정사업과 연계되어 사업 기능을 수행하는 기금으로 나누어지는데 이른바 '비금융 공기업부문'이 정부 활동과 직결되어 있

[표 16] 2016년 중앙정부 재정규모(순계예산 기준)

(단위: 조 원, %)

	2016 예산	
	금액	비율
총수입	391.2	100.0
— 예산	250.1	63.9
• 국세	222.9	57.0
• 세외수입	27.2	7.0
— 기금	141.1	36.1
총지출	386.4	100.0
— 예산	263.9	68.3
• 일반회계	214.6	55.5
• 특별회계	49.3	12.8
— 기금	122.5	31.7

출처: 기획재정부

다. [표 16]에 따르면 2016년 예산순계 기준으로 특별회계(49.3조 원)와 공공기금(122.5조 원)의 합계(171.8조 원)가 일반회계지출의 80%를 넘어서고 있음을 알 수 있다.

나. 통합재정수지 개념을 중시하는 예산의 편성·심의·평가

전통적으로 재정수지관리는 일반회계 중심으로 이루어졌으나, 특별회계·기금의 규모가 팽창하고 국가채무의 상시적 관리가 긴요해짐에 따라 일반회계·특별회계·기금을 하나의 국가재정 시스템 속에서 다룸으로써 국가재원의 효율적 배분과 국민경제의 안정을 도모할 수 있다.

2016년 기준으로 우편사업, 우체국예금, 양곡관리, 조달, 책임운영기관 등 5개의 기업특별회계, 지역발전, 농어촌 구조개선 등 15개의 기타특별회계, 그리고 사회보험성기금 6개, 사업성기금 45개, 계정성기금 5개, 금융성기금 8개 등 총 64개의 기금이 설치되어 있다. 정책수단을 다양하게 활용하여 소관사업의 성과를 높이는 이점을 살리려면 사업의 초기 구상단계부터 목표 달성을 위한 일반회계·특별회계·기금 간 역할분담이 치밀하게 모색되어야 할 뿐 아니라 회계 간 중복을 억제하는 노력이 수반되어야 한다.

중앙의 행정 각 부처는 소관사업의 원활한 수행을 위해 운신의 폭이 좁은 일반회계에서 벗어나 특별회계·기금을 별도로 설치하려는 의욕을 갖고 있다. 그러한 의욕이 소관분야에 국한해서는 긍정적 의미가 분명하지만, 전체 국가재정의 안정적이며 효율적인 방향설정에는 제약요인으로 작용할 수 있다는 점이 간과되어서는 안 된다. 이런 점에서 중앙재정당국은 국가재정법 제15조의 통합·폐지조항을 근거로 삼아 주기적으로 특별회계·공공기금의 존치 타당성을 점검하여 폐지, 통합, 축소 등 구조조정을 적극 추진하여야 한다.

일반회계 중심의 재정관리방식의 가장 큰 한계는 국가채무를 정확히 파악할 수 없다는 점이다. 조세수입이 대종을 이루는 일반회계의 경우 사실상 외부차입이 미미한 수준에 불과하지만 특별회계·기금은 설립목적을 수행하기 위해 순환성 채무, 자본 형성을 위한 채무 등 대규모 공공채무를 안고 있다. 따라서 공공채무의 규모와 구조를 파악하고 이를 체계적으로 관리하기 위해서는 통합재정수지의 틀이 긴요하다.

오래전부터 통합재정수지에 의거한 재정관리방식을 강하게 주문하는 기관은 다름 아닌 국제통화기금(IMF, International Monetary Fund)이다. IMF는 각국의 재정적자를 경상계정(일반회계 중심)에 국한하지 않고 총량적 적자(overall deficit)의 개념에 의거한 총 수요관리를 통해 안정화시책을 독려하는 정책포지션을 유지해왔기 때문이다.[20] 통합재정수지에 의거한 재정관리방식도 이와 같은 총량적 적자 개념과 일맥상통하다고 볼 수 있다.

정부는 국민들에게 국가재정의 실상을 일목요연하게 공표하고 국가채무의 수준과 구조가 국민경제의 안정적 성장에 짐이 되지 않는다는 믿음을 심어주어야 한다. 국제금융기구를 포함한 국제사회로부터 한국 재정의 건전성에 대한 신뢰를 유지하기 위해서는 통합재정수지에 입각한 재정관리방식을 더욱 철저히 이행해야 한다. 이를 위해서는 예산의 요구단계부터 편성, 심의, 확정, 사후평가에 이르는 일련의 과정에서 재정당국, 각 부처, 시민사회 등 이해관계자가 통합재정의 개념을 주요 변수의 하나로 고려하는 관행이 정착되어야 한다. 특히 일반회계, 특별회계, 기금에 포괄되지 않으면서 정부의 사업을 대행하는 공공기관이 다수 존재한다는 점에서 이들 공공기관의 재정 상황도 통합재정의 관점에서 효과적으로 관리되어야 한다.

---

20 오연천, 재정수지(적자)계리의 접근방식과 재정수지관리방향, 「행정논총」, 24(2), 1986, pp.77~87.

| 9장 |

왜 지방자치가 필요하고 지방재정이 보장되어야 하는가?

01

왜 정부 활동의 분권화가
필요한가?

가. 지방자치의 이론적 배경

지방자치가 왜 필요한지에 대한 이론적 논의는 학문분야에 따라 다른 시각에서 전개된다. 출발점의 기준은 다르지만, 지방자치가 민주주의와 지역주민의 공적 가치증대에 기여한다는 믿음에는 큰 차이가 없다.

정치학도들은 지역사회에서의 참여기회 부여, 자기문제에 대한 자기결정(self-determination) 영역의 확대 등 '참여'와 '분권'을 통해 민주주의 가치를 실현시키는 정치적 장치로 간주하고 있다. 지방자치를 풀뿌리(grassroots) 민주주의로 칭하는 것도 바로 지방자치를 민주주의 정치 체제의 근저로 간주하기 때문이다.

일부 행정학도들은 지방자치의 정치적 가치를 기본축으로 삼으면서 정부 활동의 중앙·지방 간 역할분담을 통해 지방자치의 유용성을 설명하는 경향이 있다. 국가행정 작용을 중앙과 지방, 집권과 분권의 구도로 구분하면서, 바람직한 분업체계 속에서 정부 활동을 수행하는 것이 행정 수요자인 국민들의 요구·기대를 최적화할 수 있다는 입장을 펴기도 한다.

한편 공공경제론의 시각은 일정한 조건하에서 지역공공재(local public goods) 성격이 강한 서비스는 분권화(또는 하위단위정부)를 통한 공급이 '자원배분의 효율성' 관점에서 바람직하다는 점을 강조한다. 이른바 '분권화 명제'로 일컫는 지방자치의 당위성의 근거를 '공공부문의 효율'에 두고 있음을 알 수 있다. 이 책에서는 '공공경제학'의 이론적 맥락을 중심으로 지방자치와 지방재정의 문제를 서술하고자 한다.

나. 분권화 명제(decentralization theorem)

왜 지방자치가 긴요한 정치제도인가에 대한 설득력 있는 응답의 하나가 "분권화가 지역주민의 효용을 늘릴 수 있다"는 점이다. 재정의 핵심 기능 중 하나인 '자원배분의 조정'은 1차적으로 시장과 정부 간의 자원배분을 의미하지만, 공공부문 내에서의 중앙정부와 지방정부 간 자원배분의 구도도 포함한다. 현대국가의 수직적 다단계(multi-level government) 정부 구조(중앙정부→광역자치단체→기초자치단체)하에서 하위정부가 왜 자율적 단위로 존재하여 중앙정부와 별개로 자율적 역할을 수행하는 것이 바람직한지에 대한 분명한 이

[그림 17] 분권화된 하위단위정부의 우위

지역	K 지역		
	A 소(小)지역	강	B 소(小)지역
주민구성	30~40대 가장		50~60대 가장
상위정부(K)의 평균적 공공 서비스 공급	교육 2단위 복지 2단위		교육 2단위 복지 2단위
하위정부의 지역 특성을 고려한 공급	교육 3단위 복지 1단위		교육 1단위 복지 3단위
서비스에 대한 만족도	← 높아짐 →		

론적 근거가 확립되어야 한다. 월러스 오츠(Wallace E. Oates, 1937~ 2015) 교수는 분권화 명제를 통해 지방정부가 지역주민의 선호를 탄력적으로 반영할 수 있음을 강조하였다.[21]

[그림 17]에 표시된 것처럼, 어떤 지역(K)이 강을 끼고 왼쪽의 저지대와 오른쪽의 고지대가 마주보고 있는 지형적 특성을 상정해보자. A지역은 어린 자녀를 두고 있는 중년 학부모들이 많이 거주하는 지역이고, B지역은 이미 자녀들을 출가 보낸 노년부부가 많이 사는 지역이라고 가정하자. 이 지역에서 제공하는 공공 서비스는 초·중등교육과 노인복지 두 서비스만 있고, 전체 K지역에서 공공 서비스를 제공할 수 있는 재정역량이 교육 서비스 4단위, 복지 서비스 4단위라고 가정해보기로 한다. K지역이 하나의 정부 단위에서 서비스를 공급한다면 A와 B지역에 각기 교육 2단위, 노인복지 2단위씩 K지역

---

21 Wallace E. Oates, *Fiscal Federalism*, Harcourt Brace, 1972; 나성린·전영섭, 『공공경제학』, 학현사, 1995. pp.418~419.

전체의 표준화된 평균적 자원배분을 선택할 여지가 높다.

만일 A와 B지역이 각기 독자적으로 결정할 수 있는 시스템이 존재한다면 학령아동이 많이 사는 A지역은 교육 서비스를 3단위로 늘리는 대신 복지는 1단위로 줄이고, 노인가정이 많은 B지역은 교육 서비스를 1단위로 줄이는 대신 복지 서비스를 3단위로 늘려 선택할 가능성이 높아진다. 각 지역이 선호하는 공공 서비스가 상대적으로 많이 공급되는 것이 해당지역주민의 기대에 더욱 부응할 수 있다고 생각할 수 있기 때문이다.

동일한 재정규모 내에서 서비스의 공급역량이 보장되면서 A와 B지역의 공공 서비스에 대한 선호도가 확실히 다르다면, 전체지역(K지역)에서 평균적 의사결정이 이루어지는 것보다 A와 B지역이 각기 자신의 선호를 반영할 수 있는 의사결정 시스템이 A와 B 양 지역주민 전체의 효용을 높일 수 있음이 분명하다. 양 지역주민 전체의 효율을 높일 수 있다면 A와 B지역이 각기 독자적으로 의사결정을 할 수 있도록 K지역을 두 단위지역 정부(A·B)로 나누는 것이 바람직하다는 것이다. 비약해서 설명하면 K는 중앙정부, A와 B는 지방정부라고 간주할 경우, 분권 구도 속에서의 지방정부 존재의 효용가치를 간접적으로 확인할 수 있다.

찰스 티뷰(Charles Mills Tiebout, 1924~1968) 교수는 "작은 단위의 정부일수록, 정부단위의 구성원들이 동질적일수록 해당 정부가 시민의 선호를 보다 민감하게 수용할 수 있다"는 티뷰 가설(Tiebout hypothesis)을 통해 분권화와 지방정부의 가치를 확인해주고 있다.[22]

지역 간 공공 서비스에 대한 선호의 차이가 뚜렷할 때 하위단위

[그림 18] 지방자치의 촉진요소와 제약요소

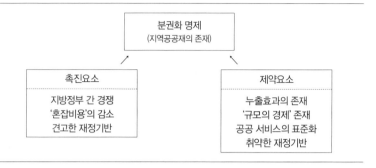

정부가 스스로의 의사결정을 할 수 있도록 분권화된 정부 시스템을 구축함으로써 '자원배분의 효율'을 기할 수 있다는 것이 분권화 명제의 핵심이다.

다. 지방자치를 촉진하는 요소와 제약하는 요소

지방자치의 이론적 근거의 하나로서 분권화 명제를 꼽을 수 있지만, 사실상 분권화를 제약하는 요소들이 존재하고 있어 상위단위정부의 역할을 통해 그러한 제약점을 극복할 필요가 있음에 유념해야한다. 아울러 지방정부 간 경쟁의 촉진 등 분권화를 촉구하는 제반현상도 중앙·지방 간 역할 배분구도에 영향을 주고 있다는 점을 간과해서는 안 된다.

---

22 Charles Tiebout, 'A Pure Theory of Local Expenditures', Journal of Political Economy, 1956, pp.416~424.

A. '누출효과'가 현저한 공공 서비스는 상위정부의 역할?

어떤 공공 서비스의 '누출효과'가 현저할수록 상위단위 정부의 관할과 조정적 역할이 중요해진다. 이를테면 어떤 지역의 공장에서 배출되는 공해가 해당 지역을 넘어서 외부 불경제를 창출한다면, 해당 지방정부가 외부지역으로 유출되는 외부적 비용에 대처하기 어렵게 된다. 이럴 경우, 해당 자치단체를 넘어서 상위정부가 이에 대한 규제와 조정의 역할을 맡는 것이 자원배분의 효율성 관점에서 적절하다.

B. '국가적 단일기준'과 '전국적 표준화'가 필요할수록 상위정부의 역할?

일정한 공공 서비스의 경우 지역별 재정역량과 선호의 차이에도 불구하고 전국적 단일기준으로 제공되는 것이 바람직할 수 있다. 수혜자의 기본생활을 영위할 수 있도록 지급의 조건과 액수를 전국적 기준에 맞출 필요가 있는 가칭 '기초생활보장' 프로그램을 예로 들어 설명해보자. 만일 이러한 프로그램을 하위지방정부인 기초자치단체가 주도한다면, 재정력이 취약한 자치단체는 프로그램을 충실히 운영하기 어렵고, 반대로 재정력이 튼튼한 자치단체는 지역주민의 선호를 반영하여 지급액수를 높일 수 있다. 이렇게 될 경우 '기초생활보장' 프로그램은 지역별로 혜택의 차이가 나게 되어, '전국적 차원의 기초생활에 대한 최소한의 동일 보장'이라는 당초의 프로그램 도입 취지에서 벗어날 수 있다. 이런 어려움을 감안한다면 지방정부보다는 중앙정부가 이 프로그램을 직접 주관하면서 집행을 지방정부에 맡기는 것이 바람직할 수 있다.

기술적 측면에서 '전국적 표준화(standardization)'가 요구되는 공공 서비스가 존재한다는 사실도 '분권화 명제'에 따른 지방자치의 고유 역할을 재고하게 하는 요소 중 하나이다. 의무교육 과정의 한국어 표준화 교과서 보급, 도로설계의 기준, 차량 안전규제, 도량형 관리, 각종 기술 서비스의 기준설정 등은 원활한 국민생활을 위해 전국적 표준화가 필요하다. 이러한 서비스는 설령 지역적 특수성과 자치수요가 일부 존재하더라도 상위정부인 중앙정부의 관할권에 속하는 것이 타당하다.

C. '규모의 경제'가 뚜렷할수록 상위정부의 역할?

분권화를 모색함에 있어 고려해야 할 또 다른 개념은 특정 공공 서비스가 갖고 있는 '규모의 경제'이다. '규모의 경제'가 작용할수록 상위정부(또는 중앙정부)를 통한 공급이 자원배분의 효율성 관점에서 유리하다. 특히 하천, 도로, 댐, 철도 등 대형 사회간접자본 관련 공공 서비스는 서비스의 수요와 혜택이 해당 지역에 국한되지 않고, 전국적 규모의 건설·관리·유지가 보장되어야 하기 때문에 중앙정부의 몫이라고 말할 수 있다.

이를테면 강원도 태백에서 발원하여 경북·경남을 거쳐 부산지역 바다로 흘러 들어나가는 낙동강에 대한 '하천관리' 서비스는 지방정부별로 관할이 나누어져서는 부적절하고 중앙정부의 통합관할이 오히려 효율적인 하천관리라고 할 수 있다.

[표 17]에 표시한 것처럼, 전국 네트워크를 가진 고속도로와 대부

[표 17] 도로건설 및 관리의 관할 정부(예시)

구분	관할 정부
고속도로	중앙정부
국도	중앙정부 또는 광역자치단체
지방도	광역자치단체 또는 기초자치단체
군도	기초자치단체

분 국도는 중앙정부, 지방도는 광역자치단체, 군도는 기초단체의 책무 영역에 속하게 하는 것이 중앙·지방 간 효율적 분업체계에 적합하다고 할 수 있다.

D. 지방정부 간 경쟁은 분권화의 이점?

중앙정부의 집권화가 견고할수록 지역 간 경쟁 개념이 존재하기 어렵다. 경쟁은 일정 수준의 자율이 보장될 때 가능한 것이기 때문이다. 경쟁을 통한 지역발전 노력은 지방자치제도의 존재 의미를 보강하는 요소로 작용한다.

20세기 후반, 세계의 주요 도시들은 지역경쟁력을 증대시키는 노력에 심혈을 기울이고 있다. 인구와 자원의 역외유출을 막고, 인구와 자원의 역내 유입을 촉진하는 지방도시 간의 경쟁은 글로벌시대에 흔히 목격할 수 있는 사례이다. 해당 지방정부 권역으로 기업과 자본의 유치를 위해 조세감면, 보조금 지급 등 경제적 유인을 제공함으로써 지역경제의 활력을 되찾고 지역 고용을 촉진하는 뚜렷한 지방정부의 비전과 목표를 제시해오고 있다.

우리나라의 경우에도, 지방자치 전면 실시 이후 전국의 주요 지방정부가 독자적 경쟁력 확보 방안을 강구하고 있음을 쉽게 목격할 수 있다. 이러한 자치단체 간 경쟁은 자칫 '자원배분의 비효율'을 초래할 수도 있지만, 궁극적으로 국민경제의 총체적 경쟁력 향상으로 나아가게 할 수 있다.

E. 혼잡비용이 심화되면 지방정부의 역할?

어떤 서비스가 중앙정부로 집중화될수록 이에 따른 혼잡비용의 발생 가능성이 높다. 어떤 서비스에 대한 의사결정과 집행이 방대한 수준으로 중앙정부에 집중되면 결정 과정의 지체와 시차(timelag) 발생, 결정의 혼돈을 겪을 수 있다. 일정 수준의 혼잡비용은 감수할 수 있더라도, 공공 서비스의 수급이 괄목할 만하게 손상된다면 분권화 방식으로의 전환을 모색할 수 있다. 외교부의 여권발급 업무나 국토부의 국토계획 관련 업무가 지방정부로 위임되어 처리되고 있는 것도 이러한 유형의 공공 서비스에 해당된다.

기본 구도에 관한 총체적 결정(예: 법령 제정과 기준설정 등)은 중앙정부가 맡되, 집행은 지방정부의 신축적인 선택으로 위임되는 사례가 급증하고 있는 현상도 '넓은 의미의 분권'의 결과라고 말할 수 있다. 이러한 지방위임의 확대는 자연스럽게 해당 서비스 공급의 책임이 지방정부로 이전되는 것을 의미한다.

F. 지방정부의 재정력에 따라 집권화·분권화 기대의 교차

해당 자치단체의 재정수준도 분권화를 촉구하거나 제약하는 요소의 하나로 간주된다. 서울특별시가 무상급식사업을 중앙정부와 별도로 추진했던 사례에서 볼 수 있던 것처럼 자체 재원을 통해 지방정부를 운영할 수 있는 여력이 넓은 자치단체의 경우, 해당 지역 주민들에게 추가적인 서비스를 제공하고자 하는 정치적 의지가 존재할 수 있다. 이러한 정치적 의지는 가급적 중앙정부의 개입과 관여를 배제하고 독자적 의사결정으로 나아가려는 경향이 있다.

반대로 자체 재원이 취약한 지방자치단체의 경우, 기초적 활동을 수행하는 데도 중앙정부의 지원이 필요한 여건이기 때문에 자연히 중앙정부에 대한 재정의존을 불가피하게 만든다. 서울특별시 등 상대적으로 넉넉한 자체 재원 확보수단을 갖고 있는 지방정부는 중앙정부와는 별개로 독자적 공공사업을 추진하려는 의지가 강한 반면 대부분의 군 단위 농촌 기초단체의 경우 기본적 자치업무를 수행하기 위해서도 중앙정부의 이전재원(교부세, 보조금)에 의존해야 하는 만큼, 독자적 사업추진 의지가 제약받을 수밖에 없는 실정이다.

02

왜 지방재정이
보장되어야 하는가?

가. 지방자치제도와 지방정부의 의미

중앙정부→광역자치단체→기초자치단체로 연결되는 다단계 정부 구조가 현대정부의 기본 골격이다. 지방자치의 실시는 자치단체가 고유의 정부 역할을 분담하는 자율적 지방단위정부로 진화됨을 의미하고, 민주주의 원칙에 따라 주민들의 직접투표로 장(長)과 지방 의회의원을 선출하는 민주주의 정치 시스템이 확립된 것이라고 할 수 있다.

지방정부를 중앙정부의 역할을 위임받는 하부행정단위로 간주하는 경향이 있었지만 지방자치의 실시로 이러한 인식은 불식되어가고 있다. 지방자치제의 실시로 중앙·지방 간의 관계가 일방적·수직적 관계가 아니고 중앙정부와의 유기적 협력체계 속에서 고유의 역할을 분담하는 입헌적 수준의 자치정부로 그 위상이 정립되었다.

다만, 지방정부가 법령을 통해 일정 범위 자치권이 보장되었다 하더라도 중앙정부 기능을 위임받아 수행해야 할 의무를 지니고 있다는 사실을 간과해서는 안 된다. 엄밀히 말해서 지방정부는 자치정부로서의 독자적 영역과 권한을 가지면서, 중앙정부로부터의 위임사무를 동시에 처리해야 하는 이중적 지위를 지니고 있다. 이러한 지방정부의 이중적 지위는 중앙·지방 간 재원배분의 원칙·구조에 영향을 주는 중요한 변수의 하나이다.

나. 중앙·지방 간 재정관계의 구축과 지방재정의 보장

중앙·지방 간의 관계를 규율하는 권한배분, 책임범위의 설정, 상호협력의 방식 등 다양한 제도적 장치가 존재하지만, 핵심 메커니즘은 중앙·지방 간 재원을 배분하고 보장하는 중앙·지방 간 재정관계 (inter-governmental fiscal relations)의 구축이라고 할 수 있다. 어느 나라를 막론하고 중앙·지방 간 효율적인 분업체계는 중앙·지방 간 재정관계에 달려 있다고 할 수 있다.

중앙·지방정부 간 재정관계의 구축에 있어서 가장 중요한 개념은 지방정부에 대한 '재정보장'이다. 지방정부가 스스로 설정한 공적 활동 영역에서의 목표 달성과 중앙정부로부터 위임받은 공적업무를 수행하기 위해 필요한 재원이 공여되어야 한다. 지방정부에 대한 재정보장은 중앙정부의 일방적 판단과 선택에 의해 이루어지는 것이 아니고 국가 공공재원의 중앙정부·지방정부 간 배분에 관한 규칙제정의 틀 속에서 접근해야 한다. 중앙·지방 간 재정관계는 중앙정부의 정책선택에 따라 가변적이어서는 안 되고, 입헌적 수준에서 지방정부의 공적 책무수행을 용이하게 하는 '예측 가능한 재원의 보장'이어야 하기 때문이다.

이런 점에서 법령에 의거 지방정부가 중앙정부로부터 이전받거나 지원받는 재원을 '의존재원'으로 칭하는 것은 부적절하고 '이전(transfer)재원'이라는 표현이 적절하다. 중앙정부로부터 지방정부로 이전되는 재원은 중앙정부의 재정적 선택에 의거하여 일시적으로 이루어지는 것이 아니고 정부 역할의 중앙·지방정부 간 역할분담 기본 구도에 맞게 자동적으로(경우에 따라서는 반자동적으로) 이루어져야 한다는 점을 강조한 표현이다.

우리나라의 지방교부세제도는 지방정부 자체수입원인 지방세수입만으로는 지방정부가 정상적 기능을 수행하기 어려운 상황에서 중앙정부의 지방정부에 대한 재원보장 장치의 근간을 형성하고 있고, 이를 보완하기 위한 목적으로 국고보조금제도가 활용되고 있다.

다. 지방재정제도 설계의 난관: 재정력의 지역적 불균형

지방재정제도를 설계함에 있어 최대 난관은 지방자치단체 간 '재정력의 불균형'이다. 지역경제가 전국적으로 고르게 발전하고 있다면 이런 문제점이 야기될 여지가 적다. 그러나 지역별 산업화의 수준이 다르고, 소득격차가 현저한 현실적 여건은 지방정부 간 재정력의 불균형으로 귀결된다. 인구가 밀집하고 산업화 수준이 높은 도시지역 자치단체와 인구가 희박하고 농업 위주의 생산 활동이 이루어지고 있는 농촌지역 군 단위 자치단체 간에 재정력의 격차가 뚜렷하다는 사실은 명백하다. 재정력이 빈약한 상당수 군 단위 지방정부는 스스로의 재원으로 기본 살림살이마저 운영할 수 없는 것이 현실이다.

이러한 재정력의 지역 간 불균형을 완화·개선하지 않고서는 지방정부의 정상적 운영이 어려워 지방자치제도의 존재이유가 무색해질 수 있다. 바로 이러한 여건을 개선하여 자치단체의 정상적 정부 활동을 보장하기 위해 중앙정부의 '재정조정장치'가 긴요하다.

라. 불균형 완화를 위한 지방재정조정장치

A. 지방의 '기본 역할'을 보장하는 국가 공유재원의 성격

지방재정조정장치가 존재하는 근원적인 목적은 자치단체 간 존재하는 재정력의 불균형을 완화하고 자치정부의 기본 역할을 보장하는 데 있다. 자치단체 간 재정력 불균형이 완화되어야 기본 역할수행이 가능하다는 점에서 '불균형 완화'와 '기본 역할 보장'은 사실상 동일한 맥락에서 이해해야 한다. 지방재정조정장치는 중앙정부의 지방정부에 대한 일방적인 '재정원조'가 아니고 정부 기능의 중앙·지방 간 역할분담에 상응한 '공유(共有)재원'의 성격을 띠고 있다고 해석할 수 있다.

지방자치단체의 '기본 역할'은 지방정부의 필수 자치수요에 대응할 수 있는 역할과 중앙정부로부터 위임받은 공적업무의 이행에 국한

[표 18] 지방재정조정제도의 틀

구분		배분기준
지방교부세	보통교부세	기준재정수요-기준재정수입 차이
	특별교부세	예기치 못한 특별수요
	부동산교부세	종합부동산세 수입의 지방이전
	소방안전교부세	소방 및 안전시설 확충 등에 대한 재정지원
국고보조금	의무적 지출	국가위임사무
	재량적 지출	정책적 판단

하는 것이지, 필수 자치수요를 넘어서 자치단체가 선호하는 특수한 추가적 수요에 대응하는 역할을 의미하는 것은 아니다. 다만 지방정부의 특별한 수요라 하더라도 그것이 국가적 관점에서 긴요한 것이거나, 해당 지방정부의 사업을 진작시킬 뚜렷한 정책목표가 존재한다면 지방으로의 재원이전이 가능한 장치를 포함하고 있다.

B. 지방교부세제도

현행 지방재정조정장치는 지방교부세제도를 주축으로 형성되어 있고 국고보조금제도가 그것을 일정 범위 내에서 보완하고 있다. 지방교부세제도는 우리나라 내국세의 19.24%를 지방으로 이전하도록 '지방교부세법'에 명시하고 있다. 2017년 예산 기준으로 지방교부세는 33조 7400억 원으로 총 지방세입의 20% 수준에 달하고 있다. 지방교부세제도는 교부세재원의 11분의 10을 보통교부세로, 나머지 11분의 1을 특별교부세로 배분하도록 의무화하고 있는데 보통교부세가 지방재정조정제도의 근간을 이루고 있다.

전국 모든 자치정부의 기준재정수요와 기준재정수입을 각각 산정하여 그 차액을 기준으로 교부세 재원을 기계적으로 배분하는 보통교부세의 운영방식에서 지역 간 불균형을 완화하고 기본 자치수요에 부응한 재원보장의 정책목표를 확인할 수 있다.

이를테면 재정력이 취약한 지방정부는 기준재정수입이 기준재정수요를 충당하지 못하므로 차액이 크게 발생하고 이를 기준으로 보통교부세를 배분한다. 반대로 서울특별시 같은 보통교부세 '불교부단체'는 기준재정수입이 기준재정수요를 넘어서는 결과 보통교부세 지급대상이 되지 못한다.

이러한 배분 메커니즘은 자연스럽게 재원의 지역 간 재배분효과를 가져온다. 교부세제도의 재원인 내국세를 많이 부담하는 지역의 지방정부는 해당지역주민이 국세로 납부한 세금의 일정 부분도 교부받지 못하는 반면, 내국세 기여도가 낮은 지역의 자치단체는 오히려 상대적으로 많은 교부세 재원을 배분받게 되기 때문이다. 이러한 교부세재원의 지역 간 재분배효과는 지역경제력이 견고한 자치단체와 그렇지 못한 자치단체 간 갈등요인의 하나로 작용하고 있다.

C. 특별교부세

전체 교부세재원의 11분의 1을 점하고 있는 특별교부세는 '불균형완화'와 '재원보장'이라는 보통교부세제도의 존재이유와 달리 예측할 수 없는 지방수요가 발생했을 때 중앙정부가 재원을 이전해주는 통로이다. 특히 긴급재난이나 지방정부 수준에서는 감당할 수 없는 국가적 수요가 지방단위에서 발생했을 때 중앙정부가 개별사업 중심으로 지원해주는 재원이전 장치이다.

특별교부세는 일반교부세와 달리 배분방식이 구체적으로 정해지지 않아 중앙정부의 재량적 판단에 좌우될 여지가 많다. 이런 이유로 정치권 또는 일부 지방정부로부터 지원요구가 쇄도하고 있는 양상이다. 자칫 정치적 동기와 특정 사업지원에 대한 편향성 시비가 발생할 수 있다는 점에서 특별교부세의 운영이 '지방재정조정제도'의 취지에 더욱 근접할 수 있도록 운영 과정에서의 쇄신이 긴요하다.

D. 부동산교부세와 소방안전교부세

중앙·지방 간 재정조정 과정에서 지방정부에 배분되어야 할 재원의 이전장치로 지방교부세제도가 활용되는 과정에서 신설된 장치로 부동산교부세와 소방안전교부세가 있다.

부동산교부세는 2005년 부동산 투기 억제 등 국가의 정책목적을 위해 지방세인 종합토지세와 재산세 일부를 종합부동산세로 전환하는 과정에서 지방정부의 재원 감소분을 보전하고 재정형평성을 제고하기 위해 도입된 제도이다. 종합부동산세 총액을 지방정부에 전액 교부하도록 하고 있으며 재정여건, 사회복지수요, 지역교육수요, 보유세규모 등을 고려하여 자치단체별로 배분하고 있다.

소방안전교부세는 2015년 담뱃값 인상에 따라 담배에 부과되는 개별소비세 총액의 20%를 재원으로 소방안전시설에 대한 투자, 재난예방 및 안전관리 강화 등을 위해 신설된 제도이다.

E. 국고보조금제도

중앙정부는 지방정부의 기본 역할수행을 뒷받침하기 위해서 일정 수준 지방재원을 보장해야 한다. 지방재정조정제도의 주축을 이루는 지방교부세제도는 바로 지방재원보장을 통하여 일반적 대응 능력(general capability)의 객관적 조건을 구축하는 데 초점을 맞춘다. 그러나 중앙정부는 지방정부의 기본역량을 보장하는 것만으로 지방정부의 존재가치를 증진하는 데 한계가 있다. 중앙정부는 국가적 정책목표를 실현하기 위해 지방정부를 독려해야 할 사업이 존재할 뿐 아니라 지방정부도 해당 지역에 고유한 특별수요에 대처해야 한다. 이러한 공공수요가 존재할 때 중앙정부는 특별재원을 보조금의 형태로 지원할 수 있다. 비유컨대 중·고등학교 학생들의 기초 학력을 높이는 데는 국어·수학 등의 필수과목을 보편적으로 고려해야 하지만 개별 학생들의 취향과 소질을 감안하여 예능 수업이나 특별 활동을 배려하는 것처럼 보통교부세제도는 지방정부의 보편적·필수적 역량에, 국고보조금제도는 특별한 개별역량에 초점을 맞추는 것이라고 설명할 수 있다.

이러한 취지에서 중앙정부는 국가적 정책목표를 달성해야 할 분야나 파급효과가 큰 지역사업을 지방정부가 독자적으로 추진할 수 있도록 광범위한 영역에서 국고보조금제도를 운영하고 있다. 특히 지방단위의 전략사업 추진을 위해 사용목적을 구체적으로 정해 보조금을 지급함으로써 소기의 정책목표 달성을 기대한다. 중앙정부는 국고보조금의 사업효과를 높이고 경쟁을 유도하기 위해 지방정부의 분담금(matching fund)을 의무화하거나, 차등화 보조율 장치를 활용한다.

마. 지방정부의 세입구조

지방정부 활동의 재정적 특성은 지방정부의 세입구조를 통하여 확인할 수 있다. 지방정부재정의 주축을 이루는 일반회계의 세입 구조는 2017년 예산 기준으로 지방세가 71조 1891억 원(46.2%), 세외수입이 9조 972억 원(5.9%)으로서 자체수입비중이 52%에 이르고 있고, 이를 보충하는 지방교부세와 보조금이 각기 33조 5113억 원(21.8%), 37조 9197억 원(24.6%)으로 약 46%를 점유하고 있다. 이와 같이 자체수입과 상위정부로부터의 이전재정수입으로 양분되고 있는 지방정부 수입구조는 교부세·보조금을 주축으로 한 이전재정장치의 중요성을 거듭 말해주고 있다.

한편 지방정부 특별회계는 특별회계사업의 성격상 세외수입이 높은 비중(67%)을 차지하는 가운데 보조금(31%)이 세외수입을 보충하는 양상이다.

[표 19] 지방정부의 회계별 세입구조(2017년 예산)

(단위: 억 원, %)

| 구분 | 예산 | | | | 기금 | 합계 | |
| | 일반회계 | | 특별회계 | | | | |
	금액	구성비	금액	구성비		금액	구성비
합계	1,539,304	100.0	197,656	100.0	21,202	1,758,162	100.0
지방세	711,891	46.2	−	−	−	711,891	40.5
세외수입	90,972	5.9	131,663	66.6	9,038	231,673	13.2
지방교부세	335,113	21.8	2,272	1.1	−	337,384	19.2
보조금	379,197	24.6	61,476	31.1	56	440,729	25.1
융자회수 등	22,131	1.4	2,246	1.1	12,108	36,485	2.1

출처: 행정자치부, 「2017년도 지방자치단체 통합재정 개요 (상)」, 2017, p.6.

03

지방재정제도를 둘러싼
입장의 차이

가. 지방이전재정의 규모: 지방의 증대 요구, 중앙정부
회의적?

지방정부 세입의 괄목할 만한 비중을 차지하는 교부세 수입을 늘리고자 하는 지방정부의 의욕은 뚜렷하다. 예측 가능한 재원을 확보하려는 지방정부의 염원에 비해 재원배분결정의 열쇠를 쥐고 있는 중앙정부는 대체로 소극적이거나 수동적 입장일 수밖에 없다. 한정된 국가재원의 범위에서 지방으로 이전해야 하는 재원규모가 커질수록 중앙정부의 몫은 작아질 수밖에 없기 때문이다.

중앙정부는 정치적 차원의 판단을 떠나서도 지방재정규모 증대 요구에 난색을 표명하는 경향이 분명하다. 점증하는 복지재정수요에 대처하기 위해서 현재의 재정구조를 재조정해야 하는 상황에서 지방부문에 대한 추가 재원이전은 중앙정부 기능의 새로운 지방이 관이 따르지 않는 한 어렵다고 보기 때문이다. 만일 일정 수준의 증세 노력이 뒷받침된다면 증세분의 일정 몫의 지방이전은 검토될 수 있다는 입장이 가능하다. 그러나 그런 가능성이 없다면 추가적 이전재정규모 확대는 논의의 대상이 되기 어렵다는 입장일 것으로 보인다.

지방이전재원의 규모는 중앙·지방 간 권한배분 척도의 하나라는 점에서 중앙정부는 '공적역할의 통일성'을 근거로 '재원방어'에, 지방정부는 '자치현장의 산적한 사업추진'을 근거로 '추가 재원 확보'를 위해 암묵적으로 경쟁하고 있다.

나. 중앙정부 내에서도 중앙재정당국과 지방관장 부서 간의 입장 차이

중앙정부 내에서도 지방교부세 배분비율로 상징되는 이전재정규모 확대에 대해 입장의 일치를 기대하기 쉽지 않다. 국가재원의 총괄 배분책임을 안고 있는 중앙재정당국(예: 기획재정부 예산실)은 이전재정규모 확대에 소극적 입장을 취하는 경향이 강하다. 국정 우선순위를 반영하여 중장기재정계획을 수립하고 매년도 예산을 편성함으로써 국가의 총체적 자원배분의 합목적성과 효율성을 지켜야 하는 기관의 입장에서 추가 재원이전에 회의적일 수밖에 없기 때문이다.

반면, 지방부문의 이익을 관장하는 행정자치부는 이전재정규모 확대 논의에 긍정적 입장을 피력하는 경향이 있다. 중앙정부 내에서 재정총괄기구와 지방지원기구 간 시각의 차이가 존재하는 것은 기구 존재의 정당성의 차원에서 이해할 수 있는 사안이다. 궁극적인 판단은 행정수반을 중심으로 한 정부의 리더십과 정치적 지지의 강도와 향방에 달려 있는 문제라고 생각한다.

오랜 기간 내국세의 13.27%로 유지되어왔던 지방교부세 배분비율은 2000년 15%로 상향조정되었다가, 2005년 지방양여세제도가 폐지되면서 19.13%로 높아졌고 이에 추가하여 내국세의 0.83%에 해당하는 분권교부세제도가 도입되었다. 여기에 그치지 않고 2006년 교부세 배분비율이 19.24%로 다시 조정되었고 분권교부세율도 0.94%로 높아졌다. 아마도 노무현 정부가 '지역균형발전'을 국정핵심목표의 하나로 설정했고, 행정부와 입법부가 심혈을 기울였기에 괄목할 만한 비율 증대가 가능했다고 해석할 수 있다.

다. 일부 대도시 지방정부도 지방교부세 규모 증대에 소극적

지방정부는 2000년대 세 차례의 교부세 배분비율 증대를 관철한 것에 그치지 않고 지속적으로 교부세 배분비율의 상향조정과 보조금의 확대를 요청하는 상황이다. 지방정부의 이러한 기대는 지역경제력이 취약한 농촌지역(특히 군 자치단체) 출신 국회의원들의 정치적 지지와 결부되면서 주요 재정정책 의제로 자주 등장한다. 다만 서울특별시 등 대도시 지방정부들은 지방교부세 규모 증대구상에 소극적 입장이다. 교부세 배분비율이 높아지더라도 이들 자치단체는 계속해서 불교부단체로 남아 있을 가능성이 높다고 판단하기 때문이다.

지방화와 지역균형발전에 주력하는 정부가 출범했기 때문에 이전 재정규모 확대를 중심으로 중앙·지방 간 총체적 재원배분구도의 변화에 대한 논의가 이루어질 것으로 전망된다. 논의 과정에서의 핵심쟁점은 현재의 중앙·지방 간 자원배분의 기본 구도를 유지할 것인지, 아니면 지방정부의 역할 증대에 초점을 맞출 것인지의 정치적 선택에 달려 있다. 일부 중앙정부 기능의 지방이관이 이루어질 때 지방에 대한 새로운 추가 재원배분에 대한 논의가 공감대를 형성할 수 있다는 점에서 지방이전이 가능한 정부 기능을 탐색하는 작업이 선행되어야 한다는 점에 유념해야 한다.

라. 대도시 정부의 국세이양 선호, 군 단위 단체 교부세 규모 증대 기대

재정문제에 관한 한 중앙정부와 지방정부 사이에 존재하는 접근 시각의 차이 못지않게 지방정부 사이에도 뚜렷한 입장의 차이가 노정된다. 활발한 지역 경제 활동이 이루어져 재정력이 평균수준을 넘어선 일부 대도시형 지방정부와 그렇지 못한 다수 농촌형 지방정부는 각각 자신의 입장에 따라 서로 다른 지방재정 배분구도를 선호하기 때문이다.

A. 대도시 지방정부의 일부 국세이양 요구와 한계

중앙·지방 간 세원배분을 어떻게 설계할 것인가의 문제를 둘러싸고 서울특별시, 부산광역시, 인천광역시, 울산광역시 등 산업화 수준이 높은 대도시들은 현행 77:23의 비율(2017년 예산 기준)을 보이고 있는 국세·지방세의 배분구도를 지방세의 비중이 높아질 수 있도록 일부 국세의 지방이전을 주장하고 있다. 1990년 초 지방자치를 본격 실시하면서 중앙·지방 간 세목조정이 이루어졌으나, 그 뒤로 지방정부의 세원재조정 요구가 끊이지 않고 있다. 이 과정에서 가장 큰 제약점의 하나가 자치단체 간 재정력의 불균형이다.

추가세목을 지방으로 이전하겠다는 중앙정부의 의지가 존재하더라도, 일부 국세를 추가로 지방 이전할 경우 지방정부 간 자체 재원의 불균형이 더욱 심화되는 것은 분명하다. 이럴 경우, 불균형 확대를 개선하기 위해 중앙정부의 지방재정 조정장치를 새롭게 강화해야 하는 역설(paradox)에서 벗어나기 어렵다. 어떠한 세목을 지방으로 이전하더라도 세수의 지역별 편중은 심화되기 때문이다.

이론적 관점에서 특정세목을 지방으로 이양할 경우, 일부 지방정부는 보다 많은 지방세수를, 상당수 지방정부는 상대적으로 적은 지방세수를 확보하게 되어 자체수입의 불균형은 커진다. 그렇다면 지방정부 간 불균형을 완화해야 할 중앙정부로서는 교부세 등 지방재정조정 재원을 확대할 수밖에 없는데, 일부 국세의 지방이양은 자동적으로 중앙정부 가용(可用) 내국세 규모를 감소시켜 지방교부세 등 이전재원의 규모는 축소될 수밖에 없다. 이렇게 되면 지역 간 불균형 완화를 위한 중앙정부의 재정조정 노력은 약화될 것이 예견된다.

[표 20] 중앙·지방정부 간 세원배분 추이

(단위: %)

연도	국세 : 지방세
1986년	82 : 18
1996년	80 : 20
2016년	77 : 23

출처: 기획재정부, 행정자치부 내부자료

지방자치역량을 확대시킨다는 명목으로 이루어지는 일부 국세세목의 지방이양이 자칫 지방정부 간 빈익빈 부익부 현상을 가중시킬 소지가 있다는 점에서 일부 국세의 지방이양 구상은 늘 벽에 부딪히게 된다. 그럼에도 일부 국세의 지방세이양이 지방정부의 총체적 재정역량을 향상시킨다는 원론적 시각에서만 논의되고, 지방정부 내에 존재하는 지역 간 불균형 문제를 등한시한다면, 바람직한 중앙·지방 간 재정배분의 정립은 더욱 지연될 수 있다.

B. 대도시지역 지방정부, 교부세 규모 증대에 소극적

일부 국세의 지방이양이 갖는 한계를 극복하기 위해 지방교부세 배분비율을 높이는 제안 역시 여유 자치단체와 그렇지 못한 자치단체 간 입장 차가 분명하다. 교부세 배분비율을 높이는 과업이 현행 재정 시스템하에서 어려운 과업이라 할지라도, 교부세 배분규모의 확대구상에 대해 일부 대도시 자치단체는 결코 호의적이지 않다. 교부세 규모가 확대되더라도 현행 교부세 산정방식에 의하면 일부 여유 자치단체는 계속 불교부단체로 남아 있게 될 여지가 많아 국세 기여도가 높은 자치단체는 교부세 배분규모 확대조치로 실익을 얻을 기회가 없다고 판단할 것이고, 이들은 지속적으로 일부 국세의 지방이양을 주장할 것이기 때문이다.

C. 지방정부 일반재원 선호, 중앙정부 특정목적재원 집착

동일한 이전재정 시스템 내에서도 중앙정부와 지방정부는 재원의 성격에 따라 선호도가 다르다. 지방정부는 사용목적과 연계되지 않은 '일반재원'을 선호하는 경향이 뚜렷하다. 재원을 공여받되 특정 사용목적의 꼬리표가 붙지 않아 지방정부의 독자적 판단에 따른 재량적 지출이 개별 자치단체의 일반적 대응능력을 높일 수 있기 때문이다. 현행 지방교부세제도 중 보통교부세가 전형적인 지방정부의 일반재원에 해당된다.

대부분 공공기관의 경우, 상부기관은 목표지향성이 강해 지출목적을 명시하는 경향이 높고, 하부기관은 재량의 범위가 넓은 일반재원을 선호한다. 부모들이 자녀에게 용돈을 줄 때, 사용목적을 정하지 않고 한몫으로 받을 때 자녀들이 즐거워하는 것처럼 집행기관의 지출선호도 유사하다.

지방정부 입장에서는 새로운 사업의 착수나 기존사업의 심화를 위해 국고보조금 확보를 위해 심혈을 기울인다. 치열한 경쟁을 거쳐 국고보조금을 확보해야 하지만 원론적 차원에서 자율적으로 선택범위가 넓은 보조금을 선호한다. 국고보조금제도 자체가 기본적으로 사용목적이 정해진 것이지만, 그 목적 범위 내에서 신축적 활용을 기대하는 것이다. 세부 사용목적은 정하지 않고 큰 분야별로 나누어 보조금이 지급됨으로써 지출의 재량성이 부여될 수 있는 시

[표 21] 일반재원과 특정목적재원의 비교

구분	일반재원	특정목적재원
활용범위	넓음	협소
목표	기관의 총체적 대응능력 향상	특정 정책목표의 달성
효율의 스펙트럼	재량적 효율 (우선순위 선택)	전략적 효율 (상위 정책목표의 유도)
중시하는 가치	자율성	유도성
주도하는 기관	지방정부	중앙정부
교부세 보조금	보통교부세 포괄보조금	특별교부세 세부사업보조금

스템에 대한 기대가 그만큼 높다고 볼 수 있다. 지출목적은 정하되, 세부 품목별 지출대상(line-item)은 지방정부에 위임하는 이른바 '포괄국고보조금'이 지방정부의 선호를 반영하는 제도적 장치라고 말할 수 있다.

중앙정부는 포괄적 보조금의 형태로 지급하면 지방정부가 보조금 지급목적 외로 사용할 수 있다는 우려를 들어 국가보조금재원의 비효율을 지적할 수 있다. 지방정부는 세부 사용목적이 명시된 보조금은 집행 과정에서 경직적인 지출패턴으로 인해 오히려 우선순위에 따른 탄력적 활동을 제약하기 때문에 비효율이 뒤따른다는 비판을 접지 않고 있다. 지방정부는 중앙정부의 비판에서 자유롭기 위해서라도 자체 관리역량을 배양할 필요가 있다.

비효율을 보는 시각이 중앙정부·지방정부 간에도 상이하다는 사실은 '자원배분의 효율'이라는 가치의 실현이 실제 정책의 입안·집행 과정에서 객관적 기준을 공유하기가 어렵다는 점을 말해준다.

04

중앙·지방 간 재원배분의 융합사례: '지방양여금제도'
−지방재원 확충과 지역균형발전목표의 융합

가. 일부 국세를 재원으로 한 '절충형 지방재정조정'방식

1991년 도입된 '지방양여금(세)'제도는 지방자치시대 도래에 따른 '실질적' 지방재정 역량증대를 추구하면서 전략적 정책목표 달성을 위한 중앙정부의 의지가 반영된 제도적 성과였다고 평가할 수 있다. 지방에 대한 추가 재원배분을 둘러싸고 대칭점에 서 있던 중앙정부와 지방정부의 입장을 고르게 배합함으로써 국가적 정책목표를 지방단위에서 원만하게 달성하는 데 기여했던 '절충형 지방재정조정' 방식이었기 때문이다.

지방양여금제도는 일부 국세세목을 지방세로 전환하는 세제개편을 단행하는 대신 토지초과이득세, 전화세, 주세 등 일부 국세세목의 세수를 지방으로 양여하되, 양여재원을 지방 도로건설, 지방

[표 22] 지방이전 재정수단의 장단점과 지방양여금제도의 융합적 특징

구분	이점	한계점
일부 국세의 지방이관	지방세수(자율적 재원)의 증대	세수의 지역적 편중과 불균형 확대
지방교부세	일반재원 확충과 지방의 대응력 향상	특정목표의 추진 어려움 불교부단체의 불만
국고보조금	국가목표의 촉진	경직성 자율적 선택 제한

활용 ＼ ／ 극복

지방양여금
지방재원 확충 지역균형발전 촉진

하수처리 등 지방사회간접자본을 확충하고 지역균형발전에 기여토록 하는 새로운 재원배분방식이었다. 1991년 도입 당시, 토지초과이득세 50%, 주세 15%, 전화세 전액 등 약 5600억 원 규모로 출발한 지방양여재원은 수차례의 법(국세와 지방세의 조정에 관한 법률) 개정을 거쳐 2001년 주세 전액, 농어촌특별세 150분의 19, 교통세의 1000분의 142를 기반으로 4조 원 규모를 넘어서게 되었다.

2005년까지 존속되었던 지방양여금제도는 지방정부에 대한 재원이전을 둘러싸고 대립을 보였던 중앙·지방정부가 각기 자신이 내건 주장의 장점을 살리고 취약점을 보완함으로써 국가 재원배분의 적정화를 도모하는 데 의견의 일치를 보게 된 결과, 출발하게 되었다. 이런 의미에서 지방양여금제도는 근원적인 입장 차이가 존재할 수밖에 없는 지방재정 확충 방향의 대립을 조율하는 데 성공한 사례로 평가되고 있다.

나. 지방양여금제도의 특징

첫째, 지방재원 확충의 일환으로 지방부문이 요구하는 '일부 국세의 지방 이관'이 초래할 수 있는 지역 간 불균형 심화의 문제를 차단하기 위해 이관대상으로 거론되던 국세 일부 세목을 그대로 국세로 존치시키는 방식을 취했다. 일부 국세의 지방 이관이 가져오는 지역 간 불균형 심화문제를 야기하지 않으면서, 기존 국세세원을 지속적으로 관할하고자 하는 중앙정부 세제당국의 입장을 100% 수용한 것이다.

둘째, 지방양여방식으로 조성된 세수를 지방 전유(專有)재원으로 활용케 함으로써 지방자치 실시에 대응한 '지방재원 확충'이라는 정책목표를 달성할 수 있었다. 중앙정부가 세금을 거두되, 거둔 세금을 법령에 의거 의무적으로 지방으로 이관하는 사후적 재배분도 지방정부가 예측 가능한 수준에서 자율적으로 사용할 수 있는 장치라는 점에서 실질적 재원 확충의 효과를 거둘 수 있었다.

셋째, 지방재원 확충 논의에 있어 손쉽게 거론되는 '지방교부세율 인상을 통한 지방교부세 총량 규모 증대' 제안이 안고 있는 '일반재원' 공여의 취약점을 극복할 수 있었다. 교부세제도를 통한 일반재원확충은 지방정부의 일반적 대응능력을 향상시키지만, 일반재원 확대에 따른 비효율적 자원배분 가능성을 배제할 수 없을 뿐 아니라 중앙정부의 전략적 정책목표를 진작하는 효과를 거두기 어렵다는 비판이 제기되고는 했다. 더 나아가서 지방에 대한 일반재원 확대는 당연히 중앙정부 가용재원을 감소시키기 때문에, 감소분만큼 중앙정부사업의 축소가 불가피하다는 점도 간과할 수 없는 우려였다. 만일 중앙정부가 수행해야 할 국가적 전략사업(예: 전국의 지방도로망 확충)에 지방이전재원이 활용될 수 있다는 보장이 있으면 중앙정부 가용재원 축소에 대한 우려를 줄일 수 있었다. 이러한 중앙정부의 우려를 감안하여 지방양여금제도는 지역균형발전에 분명히 기여할 수 있다고 판단되는 지방도로건설 등 특정목적에 양여재원사용을 법정화했다.

넷째, 지방양여금제도는 기존 국고보조금제도가 안고 있는 경직성 등 비효율적 요소를 배제하고, 지방의 자율적 선택을 존중하기 위해, 대상사업을 광범위하게 정할 뿐(예: 도로건설), 집행 과정에 지방의 자율성을 부여했다.

다. 지방도로사업 확충에 획기적 기여

지방양여금제도는 기존의 핵심 지방재정조정제도인 지방교부세제도와 국고보조금제도가 안고 있는 제약점과 일부 국세의 지방이양 구상이 초래할 문제점을 감안하여 지방재원의 '실질적 확충'과 '지역균형발전' 목표를 동시에 이루고자 하는 복합적 제도 융합의 특징을 갖고 있었다. 지방양여금제도가 존속된 15년간 우리나라 지방도로의 획기적 확충과 주요 지역개발사업이 괄목할 만하게 진척되었다는 평가를 통해 지방양여금제도 도입의 긍정적 가치를 확인할 수 있다. 이런 점에서 지방양여금제도는 앞으로 지방재정조정제도의 새로운 모색 과정에서 소중한 참고사례가 될 수 있다.

05
중앙재정과 지방재정의
비교

　중앙재정과 지방재정이 공히 정부 활동에 수반되는 재정 현상이라는 점에서 공통된 요소가 많다고 하겠으나, 중앙정부와 지방정부가 각기 고유의 역할과 기능을 수행하는 데 기인한 특징을 비교할 필요가 있다. 중앙재정과 지방재정의 차이가 상대적이라고 할 수 있으나, 그 차이는 지방재정이 중앙재정에 비해 규모가 작고 구조가 단순하며, 역할이 제한적일뿐 아니라 지방주민에게 보다 근접한 단위정부를 규율하는 재정 현상이라는 데 따른 것이다.[23]

　첫째, 재정의 기능면에서 볼 때, 중앙재정은 자원배분의 조정, 소득의 재분배, 그리고 경제의 안정화 등 포괄적인 기능을 수행하고 있으나, 지방재정은 주민생활과 직결된 지방공공재를 중심으로 한

23　오연천, 『한국지방재정론』, 박영사, 1987, pp.14~18.

[표 23] 중앙재정과 지방재정의 비교

비교기준	중앙재정	지방재정
재정의 기능	포괄적 기능	자원배분의 조정에 중점을 둠
서비스의 성격	순수공공재적 성격이 강함	준공공재적 성격 포함
재원조달의 방식	조세중심	다양한 세입원
보상관계	일반적 보상관계 위주	개별적 보상관계 첨가
부담의 설계	응능부담원칙의 중시	응익부담원칙의 가미
평가기준	형평성 중시	효율성 고려
대표성의 수준	일반적 대표성	지역적 대표성

자원배분의 조정에 주안점이 주어진다. 지방정부는 중앙정부와 비교할 때 '소득의 재분배', '경제의 안정화' 측면에서 적극적인 재정 기능을 수행하기에 부적합한 면을 지니고 있다.

둘째, 지방정부의 공공 서비스는 '비경합성과 비배제성'이라는 공공재의 규범적 특징이 중앙정부의 공공 서비스에 비해 적게 나타난다. 즉, 중앙정부가 제공하는 공공재(예: 국방, 사법, 외교 등)가 비배제적·비경합적 특징을 강하게 띠고 있는 데 비해, 지방정부의 서비스 중 상당 부분(예: 지역개발, 상수도, 청소, 주택공급 등)은 경합적 또는 배제적 성격을 부분적으로 내포하고 있다. 이런 점에서 순수공공재적 성격이 약한(즉, 준공공재적 성격을 내포하고 있는) 서비스가 많이 포함되어 있는 지방정부의 공공 서비스를 '지역공공재'(local public goods)의 개념을 통해 설명하고 있다.

셋째, 중앙정부의 재원조달은 공권력적 수입의 일반 형태인 조세수입에 의존하는 데 비해(2017년 일반회계 세입예산안 기준 중앙정부수입의 85.2%) 지방정부는 지방세, 지방교부세, 국고보조금을 주축으로 수수료·사용료 등 세외수입을 포함하여 다양한 수입원을 포괄하고 있다. 지방정부의 세입구조에서 조세수입이 낮은 수준(2017년 기준 일반회계 지방세입의 27.8%)에 머무르고 지방재정조정수입과 세외수입이 괄목할 만한 비중을 차지하고 있음은 지방정부의 특성을 그대로 반영하는 것이다. 지방정부는 하위단위정부의 특성상 중앙정부의 이전재정장치를 통해 최소한의 재원이 보장되어야 할 뿐 아니라 지방정부의 서비스는 이용자의 비용분담이라는 반대급부와 관련하여 제공되는 영역이 중앙정부에 비해서 넓다.

넷째, 중앙정부에 의해 공급되는 불가분적 편익의 서비스(국방·외교·기후관리 등)와 재원부담의 관계는 일반적 보상관계로 설명되는 데 비해, 지방정부의 서비스와 재원부담의 관계는 상당 부분 개별적 보상관계를 띠고 있다. 물론 지방정부 서비스에 있어서도 일반적 보상관계의 성격을 띤 서비스가 존재하지만, 서비스로 인해 주민들이 직접 편익을 받는 경우가 많기 때문에 상대적으로 개별적인 보상관계 성격이 강하다.

다섯째, 중앙정부의 재원조달방식은 응능부담원칙이 중시되는 나머지 누진세율구조를 지닌 소득세·상속세와 같은 세목을 포함하고 있는 반면, 지방정부 서비스에 대한 재원조달의 설계는 상대적으로 응익부담원칙의 적용범위가 넓다. 지방세는 국세에 비해 소득재분배 기능의 수행에 대한 기대가 적어 응능부담원칙이 그렇게 엄격하게 적용되지 않는 양상이다. 지방정부의 상당수 서비스는 창출되는 편익에 직접 부과되는 사용료·수수료 등 가격기구적 수입(즉, 세외수입)을 주된 수입원으로 삼는 것이 자원배분의 효율성의 관점에서 바람직할 때가 많다.

여섯째, 중앙정부는 누진적인 조세체계와 세출부문에서의 이전적 지출 등을 통하여 경제적 불평등을 개선해야 하는 책무를 안고 있는 반면 지방정부는 단위정부의 지역적·재정 역량상의 한계로 인해 이러한 역할을 수행하기 어렵다.

일곱째, 지방정부의 재정운용은 중앙정부에 비해 주민대표성이 더욱 민감하게 작용한다고 할 수 있다. 주민들에 대한 1차적 서비스 공급자인 지방정부는 서비스의 성격이나 주민과의 근접성에 비추어 볼 때, 주민의 투입과 반응이 중앙정부에 비해 더욱 신속하게, 그리고 탄력적으로 작용하는 특징을 지니고 있다.

06
'재정자립도'
개념의 본질과 한계

1990년대 지방자치제도 전면 실시 과정에서 자주 회자된 우려 중 하나가 "이런 낮은 수준의 지방재정자립도를 가지고 어떻게 지방자치가 제대로 실시될 수 있겠는가"였다. 지방자치단체가 '자치정부'로서 정상적으로 움직이려면 재원이 보장되어야 하는데, 지금처럼 중앙정부의 재정에 크게 의존하는 상태에서 "허울뿐인 지방자치로 귀결되는 것 아니냐"는 우려가 그치지 않았다. 이러한 우려는 재정의 중요성을 고려한 것이지만 지방자치 실시 반대 또는 유보 주장의 근거로 활용되었다. 이러한 논의 과정에서 자주 원용된 개념이 '지방재정자립도'(전체 재정수입에서 자체수입이 차지하는 비율)였고, 낮은 자립도(2017년 기준 평균자립도 54.2%)와 자립도의 지역적 불균형(광역시·특별시 66.6%, 군 15%)을 시급한 과제로 꼽는 경향이 두드러졌다. 이러한 진단은 일반인들의 상식에는 부합해 보이지만 사실상 자치

[표 24] 지방자치단체별 평균 통합재정자립도(2017년)

단체별	통합재정자립도(%)
평균	54.2
특별시·광역시	66.6
도	38.0
시	41.5
군	15.0
자치구	29.2

주: 평균은 순계예산, 단체별은 총계예산 기준, 특별시·광역시는 특별자치시 포함, 도는 특별자치도 포함
출처: 행정자치부, 「2017년도 지방자치단체 통합재정 개요 (상)」, 2017, p.7.

제도의 본질을 간과한 측면이 많다.

첫째, 낮은 재정자립도 문제는 어디까지나 중앙·지방 간 재원배분의 결과일 뿐 근원적인 제약요소라고 말할 수 없다. 중앙정부의 국세가 높은 비중을 차지하고 지방정부의 지방세가 낮은 비중을 점유하는 현행 세원배분체계하에서 지방세입에서 지방재정조정제도가 큰 몫을 차지하는 한 자연히 지방재정자립도는 낮아질 수밖에 없다. 주요 국세세목을 지방으로 이관하면 당연히 지방재정자립도의 전체 비율이 높아지게 된다. 그렇다고 해서 주요 국세의 지방이양이 최선의 방안이라고는 말할 수 없다. 일부 국세의 지방이양은 전체 지방재정자립 수준을 높일 수 있을지라도 재정력의 지역 간 불균형은 확대되기 때문이다.

둘째, 현존하는 지역경제력의 불균형과 이로 인한 재정자립도의 지역 간 불균형도 지방자치제도 도입의 반대이유가 될 수 있었다. 그러나 지역 간 재정력의 불균형은 어떻게 개선·치유할 것인가의 문제일 뿐 지방자치의 배제 이유가 될 수 없다. 바로 이러한 근원적 우

려를 제거하기 위해 지방교부세, 국고보조금 등 지방재정조정제도
가 존재하고 지속적인 개편이 이루어지는 것임을 이해해야 한다.

지방정부는 지방세, 세외수입 등 자체수입과 중앙정부로부터의
이전재원수입(지방교부세, 국고보조금 등)을 통해 지역주민의 기대에
부응하는 공적 역할을 수행하는 하위정부단위라는 점을 이해한다
면 낮은 재정자립 수준과 재정자립도의 지역 간 불균형이라는 우려
는 극복의 대상이 되어야 할 과제일 뿐 자치제도 도입의 반대명분이
될 수 없었다.

10장

왜 공기업의 설립이
필요하고 진화가 긴요한가?

01
공기업의 국민경제적 중요성

가. 국민생활 영역에서의 공기업의 위상

많은 국민이 정부를 중앙정부와 지방정부를 중심으로 생각하는 나머지 국민생활과 직결된 공기업의 국민경제적 중요성을 간과하기 쉽다. 우리가 매일 소비하는 전기, 수도, 자주 이용하는 지하철, 고속도로, 국공립병원, 공영방송, 그리고 국민복지와 밀접한 의료보험, 국민연금 등 일상생활과 관련된 많은 서비스가 공기업의 형태로 이루어진다. 이런 점을 감안하면 중앙정부와 지방정부에 공기업부문을 포함하는 공공부문(public sector) 개념이 실질적인 정부 활동을 설명하는 데 유용하다.

정부 활동이 단조로운 시절에는 공기업을 통한 서비스가 그렇게 두드러지지 않았지만, 국민의 기대욕구가 점증하고 정부 기능이 다양해지면서 국민생활 영역에서 공기업 활동이 차지하는 역할과 비중이 괄목할 만한 수준에 이르게 되었다. 2016년 기준, 비금융 공기업부문의 총지출이 170조 원 수준으로 중앙정부 조세수입(사회부담금 제외 실적 기준) 319조 원의 50%를 넘어서고 있음은 공기업부문을 배제하고 정부부문의 활동을 파악하고 설명하기 어려울 정도로 공기업 분야의 국민경제적 위상이 막중함을 말해준다.[24]

나. 공기업 역할에 대한 입장의 차이와 개혁 의제

공기업은 이론적 측면에서 '규모의 경제'에 따른 '비용체감산업'의 존재라는 시장의 실패에서 출발하지만, 국가발전 과정에서 정부의 주도적 역할을 뒷받침하는 전략적 선택의 일환으로 활용되어왔다. 이러한 과정에서 공기업의 역할을 둘러싸고 '적극적 활용'과 '제한된 활용' 간 정책적 논쟁이 전개되어왔다.

정부의 적극적 역할을 강조하는 이른바 재정론자(fiscalist)들은 국민생활 향상, 사회간접자본 확충, 실질적 복지 확대를 위한 공기업의 존재에 대해서 긍정적 입장을 취하고 있다. 반면 효율적이며 간소한 정부 역할을 강조하는 시장론자들은 공기업의 설립이 엄격한 '시장의 실패'라는 잣대에 맞추어 이루어져야 한다는 소극적 입장이다. 이들은 공기업 설립이 국민경제적 필요에 의해 이루어지는 경우라 하더라도 시장의 효율성을 능가할 수 있는 분명한 설립 이유가 있을

---

24 한국은행 보도자료, 「2016년 공공부문계정(잠정)」.

때 설립을 고려해야 할 뿐 아니라 설립 후 일정 기간이 지나면 민영화 등 시장으로의 기능 이전이 바람직하다는 입장을 펼치고 있다.

공기업이 공공부문 내에서 차지하는 비중이 중대하고 공기업의 역할 증대 여부에 대한 이론적 대립이 존재하고 있다는 사실은 공공부문개혁에 있어 공기업부문이 주된 대상(target)이 되고 있다는 점을 말해준다. 역대 정부가 취임 초 광범위한 공기업개혁을 주요 국정의제로 설정하여 통폐합, 민영화, 구조조정 등 다양한 제도개편 노력을 경주해왔다는 사실이 공공부문개혁에 있어 공기업개혁의 위상을 말해준다.

02
공기업의
성격

　공기업은 공공의 목표를 위해 기업이라는 법인격을 갖춘 조직을 활용하는 것이다. 목표의 관점에서 공공성을, 수단의 측면에서 기업성을 추구하는 것이다.([그림 19] 참고) 그런데 공공의 목표를 위해 "왜 기업이라는 수단을 활용해야 하는가"의 의문에 직면할 수 있다. 국방, 치안 등 순순공공재 영역은 정부의 서비스 공급과 국민의 서비스 혜택이 조세를 근간으로 한 일반적 보상관계의 성격을 띠고 있다. 그러나 전기, 수도, 공공임대주택, 유료도로 등 이른바 준공공재 영역은 사회적 편익이 존재하지만 기본적으로 가분적(可分的) 편익의 성격을 내포하고 있어 가격기구가 일정 범위 내에서 자원배분의 기준이 된다. 다만 해당 서비스가 창출하는 사회적 편익의 정도에 따라 적절한 공적개입이 이루어져야 한다. 이러한 영역에서는 자율성을 가진 공적기구가 기업의 장점을 살려 공적목표를 달성하는

[그림 19] 공기업의 공공성과 기업성

것이 자율배분의 효율성과 공적 서비스의 사회적 형평을 증진하는데 유리하다고 가정할 수 있다.

　이러한 가정이 성립하려면 공기업이 사기업의 비교우위(즉 효율성)를 살리면서 공기업의 사회적 가치창출을 보장하는 시스템을 구축해야 한다. 이러한 시스템의 핵심은 '기업의 자율성'과 '재정지원의 일관성'의 제도화로 집약될 수 있다. 사회적 가치창출에 직결되는 효율적 기업운영이 이루어질수록 공기업의 국민경제적 존재의 정당성은 확보될 수 있다. 효율성이 사기업부문에서와 같은 목표적 가치가 아니고, 공적목표를 이루기 위한 수단이라는 점을 인식해야 할 것이다.

03
국가발전 과정에서
공기업 역할의 변화

가. 일제 관(官)기업을 승계한 초기 공기업

1948년 정부수립 이후 일제강점기의 정부기업을 승계받으면서 우리나라 공기업부문이 태동하였다. 철도, 수도 등 사회간접자본과 광산(석탄, 중석 등), 전매사업, 금융기관 등 정부 고유 사업 영역이 공기업의 중심축이었다. 일제로부터 물려받은 관치(官治)사업과 정부 재정 확보수단으로서의 전매사업(담배, 소금 등)이 주종을 이루었던 만큼 공기업 활동은 이론적 정당성의 토대를 불문하고 정부 활동의 보완에 머무르는 수준이었고 독자적 공공부문의 영역으로 뚜렷한 미래지향적 목표를 지닐 수 있는 여건이 아니었다.

나. 개발경제 시절의 공기업—'기업가로서의 정부'

1960년대, 경제개발을 주축으로 근대화의 기치를 내세운 군사정부가 출범하면서, 공기업부문은 새로운 면모를 맞게 되었다. 경제발전을 견인하는 전략적 정책수단으로 공기업이 폭넓게 활용되었다. 경제발전의 근저가 되는 사회간접자본의 확충과 금융산업의 육성을 위해 정부는 다수의 공기업을 설립했다. 현재 우리나라 공기업부문의 근간을 이루는 주요 공기업들이 1960~1970년 개발 연대 시절에 설립·확대되었다. 정부가 경제개발계획을 수립하고, 공기업이 계획을 실행할 수 있도록 폭넓은 '재정투융자'제도가 활용된 결과, 공기업의 설립과 공기업 활동 촉진을 위해 공공재원이 집중적으로 투입되었다. 1960~1970년대 한국경제의 고도성장에는 공기업부문의 괄목할 만한 기여가 이면에 자리 잡고 있었음을 부인할 수 없다.

미국의 리로이 존스(Leroy Jones) 교수는 1960~1970년대 한국경제성장의 동력원으로써 '경제발전에 매진하는 정치적 리더십'을 들면서, 정치적 리더십이 '기업가로서의 정부'를 통해 경제성장을 선도했다고 지적했다. 리로이 존스 교수는 '기업가로서의 정부'는 공기업을 전략적 정책수단으로 폭넓게 활용하였다고 분석하면서, 공기업이 제조업부문 성장을 주도했다고 진단했다.[25]

이른바 '전방관련효과'가 높은 산업의 상당 부분이 공기업의 형태

---

25 사공일, Leroy P. Jones, 「경제개발과 정부 및 기업가의 역할: 한국경제의 근대화 과정연구」, KDI 연구총서, KDI, 1981.

였다는 사실은 공기업부문이 한국경제의 고도성장을 뒷받침한 핵심수단의 하나였음을 설명해준다. 이러한 설명을 뒷받침할 수 있는 설득력 있는 사례로써 포항제철(POSCO) 설립을 들 수 있다. 한일협정체결(1965) 결과 일본으로부터 받은 청구권자금을 토대로 건립된 포항제철은 '전방관련효과'가 높은 철의 생산을 통해 1970년대와 1980년대 우리나라 산업화를 견인하는 역할의 일익을 맡았다. 전액정부출자 '주식회사 형태'의 공기업인 POSCO는 1990년대 후반 '4개 공기업 민영화 특별법'에 의거 민영화를 거쳐 오늘에 이르고 있다.

다. 탈(脫)개발경제, 1990년대 이후의 공기업: '균형자로서의 정부' 역할 보완

민간의 역량이 신장되고 시장의 역할이 증대되면서 개발 연대 시절 정부 주도의 경제성장을 뒷받침해온 공기업부문의 역할이 변화를 맞게 되었다. 아마도 신장된 민간의 자율적 역량이 정부 주도 공기업을 통해서 이룩할 수 있었던 전략적 경쟁력을 대체할 수 있었다는 점이 역할 변화의 배경을 이루는 것이라고 해석할 수 있다.

이 시절에 두드러진 변화는 POSCO, KT 등 국민경제에 높은 위상을 점하고 있던 다수의 공기업이 민영화되었고, 전력산업이 구조개편되었다는 점이다. 이 과정에서 다수 공기업이 정부의 재정지원에 의존하는 정도를 줄이면서 독자적 경쟁력을 배양해야 한다는 사회적 요구에 직면했고, 공기업 효율화를 도모하기 위해 경영평가제도의 도입, 출자·증자·출연에 대한 범정부적 규제의 틀이 형성되었다.

2000년대에 이르러 복지분야에 대한 국민적 기대가 높아지면서 정부의 복지정책기조를 실행할 공기업의 신설과 역할조정이 빈번히 이루어지고 있다. 이는 공기업부문이 과거 '기업가로서의 정부' 역할에서 벗어나 '국민생활 향상과 기초복지의 보장'에 주력하는 '균형자로서의 정부' 역할을 보완하는 시대적 책무에 직면하게 되었음을 보여주는 것이라고 할 수 있다.

04
공기업 존재의
현실적 필요성

가. 행정조직의 한계

정부의 활동이 국방·법질서 유지, 기초교육, 필수의료 등 전통적 공공재공급에 국한한다면 직접 정부조직을 통하여 소기의 목적을 달성할 수 있기 때문에 별도의 영역을 상정할 필요는 높지 않을 것이다. 그러나 다양한 국민적 기대욕구에 부응해야 하는 정부의 활동은 기존의 관료제 중심의 행정조직으로는 감당하기 어렵다. 수도를 예로 들면, 과거 시·군 등 지방자치단체 내부의 행정기구(예: 수도과, 수도사업소 등)가 직접 공급의 책임을 맡았다. 그러나 도시화에 따른 수요급증과 수질에 대한 질적 기대의 증대, 그리고 처리시설의 거대화와 처리기술의 심화 요구를 기존의 행정조직으로는 감당할 수 없음은 자명하다. 기존 행정조직으로부터 분리하여 별도의 법인격을 형성하여 수도공급을 자율적·체계적으로 책임질 실체가 필요할 수밖에 없다. 즉 자율적인 '수도공사'로 새 출발함으로써 시민적 기대에 부응하려는 시스템 개편 노력의 결과가 바로 공기업이라고 말할 수 있다.

이와 같이 정부가 스스로의 행정조직을 통해 공적목표를 달성하기 어려울 때, 별도의 법인격을 설립하여 공적 욕구에 부응해야 한다는 점에서 공기업 설립과 활동은 정당성을 지녀왔다.

나. '규모의 경제'를 수용할 수 있는 공적 기업조직

'시장의 실패' 유형의 하나인 '규모의 경제'가 존재하는 산업에 있어서는 공기업 설립의 논리적 근거가 더욱 명확해진다. 규모의 경제가 작용하여 평균비용을 충당하지 못할 경우 민간기업의 참여가 어렵다는 사실을 쉽게 짐작할 수 있고 이러한 불완전성 정부가 대체하는 시스템이 바로 정부가 설립하는 공기업이라고 말할 수 있다.

국민소득 1000달러를 밑돌던 시절, 공기업 설립은 또 다른 배경을 갖고 있다. 민간경제역량이 극히 취약했던 시절, 민간이 국민경제의 중요한 역할을 담당하는 산업에 투자하고 경영할 수 있는 자본력·기술력·인력이 미비한 상황에서 정부는 그나마 최소한의 인적·자본역량을 지닌 유일한 '자본 공여자' 또는 '설립역량을 갖춘 경제주체'였다는 점이다.

다. 공공이익의 실현

공기업 존재의 기본목표를 '공공이익'의 실현이라고 볼 때, '공공이익'의 내용을 어떻게 설정할 것인가의 문제가 대두한다. 상당수 학자들은 양적 측면에서 '가치의 증대'와 질적 측면에서 '가치의 배분'이 공공이익의 내용을 구성하고 있다고 설명한다.

사회적 편익을 창출하는 서비스는 안정된 공급과 양적 증대만으로도 가치의 창출이 이루어진다. 이를테면 전력의 공급은 경제주체의 경제 활동에 필수적이라는 점에서 충분한 예비율을 보유하여 단전되지 않고 안정적으로 공급하는 것 자체가 사회적 편익의 창출에 기여한다. 저소득층에게 긴요한 영구임대주택은 공급규모가 클수록 누적 혜택은 커지게 된다.

정부에 의해 설립된 공기업은 정부의 정책목표에 따라 공기업 서비스의 공급가격을 시장가격보다 낮은 수준으로 공급함으로써 시민들의 보편적 서비스에 대한 접근성을 높일 수 있는 이점을 지니고 있다. 그러한 이점이 가능한 것은 설립·운영 과정에서 재정을 통한 지원과 규제가 이루어지고 있을 뿐 아니라 사기업과 달리 이윤추구 동기가 부여되지 않기 때문이다. 같은 요금체계 내에서도 경제적 약자에게 낮은 요율로(또는 무료로) 공급할 수 있는 등 가치배분적 요율체계를 광범위하게 활용할 수 있다.

05

공기업의 '공공이익' 창출과
재정의 역할

공기업의 문제를 재정 영역에서 다루는 것은 공기업이 사기업과 달리 개별 경제주체의 이익의 추구가 아닌 '공공이익'(또는 사회적 편익)을 추구하는 데 있고, 정부가 재정을 통해서 공공이익 창출을 가능하게 하는 재원을 지원해주기 때문이다. 이런 점에서 정부의 재정지원은 공기업이 추구하는 공공이익 실현의 핵심 정책수단이며 공기업의 존재 의미이기도 하다.

국민임대주택을 예로 들면, 저소득층에게 공급되는 국민임대주택 사업은 이윤극대화 목표를 가진 민간기업을 통해서는 공급이 어려울 수밖에 없다. 저소득층의 주거보장이 목표라면 주택시장의 임대료보다 낮은 수준으로 공급해야 하는데, 이 비용조건을 수용할 경제주체는 존재하지 않기 때문이다. 따라서 정부는 실제 공급비용과 임대료 간의 격차를 토지주택공사 또는 지방정부의 주택공사 등 공기업의 활동을 통해 메꾸어야 할 것이다. 정부는 재정지원을 통해 공사가 저소득층의 이용이 가능할 수 있는 조건을 갖춘 임대주택을 공급할 수 있게 된다. 시장에서의 임대주택가격과 공사가 제공하는 가격의 차이가 바로 '공공이익'에 해당한다고 말할 수 있고, 이러한 공공이익의 실현은 본질적으로 재정을 통해 이루어진다.

정부는 공기업의 설립을 위해 자본금을 출연하고(재정출자), 운영 과정에서 정책금융을 공여(재정융자)할 뿐 아니라 경우에 따라서 공기업 서비스 이용자에게 보조금을 지급하는 등 다양한 재정지원 시스템을 활용하고 있다. 이러한 지원 시스템이 존재하지 않는다면 구태여 공기업이라는 별도의 시스템이 존재할 필요가 없다는 사실은 공기업 설립·운영이 국가재정제도의 틀 속에서 이루어진다는 점을 확인해준다.

재정당국이 관장하는 특별회계, 공공기금으로부터 이루어지는 전출의 상당 부분이 공기업의 증자 및 운영지원과 직간접적으로 연계되어 있다. 과거 '주택기금'을 예로 들면, 정부지원예산과 대형 아파트 수요자가 매입한 채권 등으로부터 조성된 '주택기금'의 상당 부분이 주택공사 국민주택 건설재원으로 이전되었다. 이러한 재원의 흐름은 공기업 재정 메커니즘을 통해 사회적 약자를 배려하는 공공이익의 실현을 목표로 삼고 있다고 해석할 수 있다.

06
공기업의
진화 과정

공기업개혁의 흐름과 방향은 공기업의 진화 과정을 통하여 간접적으로 확인할 수 있다. 상당수 공기업들은 최초 정부부처 소속의 행정단위로 출발하였다. 1980년대에 이르러 부처 내부조직 형태의 공기업으로는 기존 서비스 개념의 변화와 함께 수요증대, 기술변화, 투자재원의 확보 등 대내외적 여건 변화에 대응할 수 없는 상황에 직면하면서 독자적 법인격을 갖춘 공사(또는 주식회사) 형태의 공기업으로 전환하게 되었다. 공기업전환을 통해 사업의 자율성을 제한된 범위에서 보장하고, 경쟁과 혁신을 도모하는 데 유리한 환경을 조성하기 위한 것이라고 해석할 수 있다.

이들 공기업들은 '정부투자기관관리기본법'(2007년부터 '공공기관의 운영에 관한 법률')의 적용을 받는 정부출자 공기업으로서 제한된 자율적 영역을 가지면서 운영되었다. 1990년대에 이르러 일부 공기업

[그림 20] 공기업의 형태 변화

정부부처 형태		공기업 형태		민영화 또는 공공소유
전매청	→	담배인삼공사	→	KT&G
체신부 (전무국, 전화국)	→	한국전기통신공사	→	KT
문공부 중앙방송국 (KBS)	→	한국방송공사 (KBS)	→	공공소유(?)

이 공기업의 지위를 가져야 할 명분(예: 서비스의 공공성과 정부독점의 사회경제적 근거)을 유지하기 어렵고 새로운 국내외적 경쟁 환경 조성에 부응하기 위해 민영화가 추진되었다.

오랜 기간 전매청으로 운영되었던 담배제조 공기업의 경우 1980년대 전반 '담배인삼공사'라는 공사 형태로 전환된 후 2000년대 초 완전 민영화되면서 회사이름도 KT&G로 바뀌었다. 체신부 소속 전무국이 전국의 전화국을 관장하던 전기통신 서비스도 1980년대 '한국전기통신공사'로 획기적으로 체제를 전환하였고, 그 후 2000년대 정부 보유 지분이 민간에 매각되어 공기업의 틀에서 벗어나 KT로 거듭나게 되었다.

KBS의 경우, 1970년대까지 문화공보부 소속 중앙방송국으로 운영되다가 1980년대 한국방송공사라는 정부투자기관으로 탈바꿈했다. 수년 전부터 "정부 영향력 배제를 통해 명실상부한 공익방송으로 거듭나야 한다"는 사회적 요구가 KBS를 어떤 법적 존재로 전환케 할지 주목할 필요가 있다. 일부 논자들은 방송의 정치적 중립성 확보를 위해 정부소유 형태에서 새로운 공공소유 형태로 체제 변화가 이루어져야 한다는 입장을 펼친 바 있다.

이와 같이 전통적 공기업이 정부부처 형태의 공기업→공사 형태 또는 주식회사형 공기업→민간기업으로 전환된다는 사실은 공기업이 추구하는 '공공이익'의 개념이 시대 상황과 국민경제여건 변화에 따라 변화하고 있음을 말해주고 있다.

07

정부 정책목표 달성을 위한 공기업의 활용:
빛과 그림자

가. 정부의 계획과 공기업의 집행

정부 행정각부는 주어진 정책목표 달성을 위해 광범위하게 소속 공기업을 활용하고 있다. 사실상 정부 주요 프로그램의 기획은 행정부처가 주도하면서 집행단계에서 공기업을 통해 실행하게 되는 주무부처·공공기관 간 역할분담의 양상이 확대되고 있다. 산업자원부가 주관하는 '중장기 전원(電源) 개발계획'은 공기업 한국전력을 통해서 시행되고 있고, 국토부의 '공공주택 보급계획'의 일정 부분은 토지주택공사(과거, 주택공사)를 통해 실행되고 있다. 이러한 사실은 정부의 공적목표 달성을 위해 정책의 수립과 사업의 집행 간에 분업체계가 형성되고 있음을 확인해준다. 이런 현상을 두고 어떤 학자는 정부 활동이 점차 계획과 실행, 그리고 정부부처와 공기업으로 이원화되고 있다고 지적한다. 이런 현상에 비추어볼 때, 공공부문개혁은 정부와 공기업을 하나의 틀(framework)에 놓고 접근해야 소기의 성과를 거둘 수 있다고 본다.

이러한 역할분담이 확대될수록 정부부처와 공기업 간의 재정관계는 긴밀해진다. 주요 공기업을 다수 관장하고 있는 중앙부처(예: 국토교통부, 산업통상자원부, 보건복지부)의 예산내역을 상세히 살펴보면 특정 정책목표 달성을 위해 해당 공기업에 대한 재정지출이 일반화되어 있음을 알 수 있다.

나. 재정개입의 절제와 책임

정부·공기업 간의 역할분담의 불가피성에 대해서는 기본적으로 공감할 수 있다. 그러나 공기업을 정부의 정책목표 달성수단으로 빈번하게 활용할 경우 초래될 수 있는 부작용 역시 간과할 수 없다. 정부의 다양하며 빈번한 개입은 해당 공기업의 자율적 운영을 제약할 여지가 있을 뿐 아니라 특정 정권의 정책목표에 경도되어 공사 본연의 설립목표를 훼손할 가능성이 있다. 한마디로 본말이 전도되어서는 안 된다는 것이다.

수자원공사가 정권적 차원에서 매진한 '4대강사업'에 대한 정치적 논란이 아직도 불식되지 않고 있고 공사를 통해 집행된 방대한 재정투자로 인해 공사의 재정수지가 악화되어 수자원개발을 위한 재정역량이 어려움을 겪고 있음은 공기업을 통한 정부의 대규모 재정투자가 직면할 수 있는 정책 실패의 논란 가능성을 보여주는 것이다.

[표 25] 산업은행을 통한 대우조선 지원규모

2015. 10. : 신규지원	4조 2000억 원
2016. 12. : 유상증자 출자전환 영구채 인수	3800억 원 1조 8000억 원 1조 원
2017. 3. : 출자전환 신규지원 채무조정	2조 9000억 원 2조 9000억 원 9000억 원
	총 14조 800억 원

출처: 금융위원회·산업은행

해외자원개발의 목표로 설립된 석유공사의 의욕적 해외자원개발 노력이 예기치 못한 유가 하락으로 막대한 재정손실로 귀착됨으로써 사법 심사의 대상이 되었던 것도 공기업을 통한 특정 정책목표 추구가 재정적 위험(risk)과 정치적 불확실성 앞에 무방비 상태로 노출될 수 있음을 보여주고 있다.

한국산업은행은 대우조선 회생을 위해 14조 원대의 재정융자를 대우조선 측에 제공했음에도 회생 가능성은 그렇게 뚜렷하지 않으면서 또 다른 구제금융을 결정해야 하는 상황에 직면하고 있다. 이러한 상황에 비추어 공기업의 결정에 대한 정부의 영향력 행사가 국민 세금을 낭비할 수 있다는 우려가 현실화되고 있음을 실감하고 있다.

이러한 일련의 정책 실패와 이로 인한 재원낭비가 사실상 의사결정주체인 정부와 해당 공기업의 책임성이 결여된 파행적 의사결정에 기인한다고 볼 때, 도덕적 해이를 배제할 수 있는 명실상부한 공기업 책임경영체계의 확립이 시급하다.

08

공기업의
쇄신

공공부문개혁에 있어 핵심분야의 하나가 바로 공기업이다. 공기업개혁은 공기업에 국한되는 것이 아니고 공기업을 설립한 정부 주무부처의 정책수단 선택과 맞물려 있다. 이런 점에서 공기업개혁을 추진함에 있어 정부의 소관 공기업에 대한 개입방식의 쇄신이 포함될 때 실효성 있는 개혁성과를 거양할 수 있다.

가. 경직성·정치적 영향력 배제

공기업개혁의 기본 구도는 [그림 21]에 표시한 바와 같이, 공기업 설립의 기본목표가 공적목표 달성을 위해 기업의 자율성을 활용하는 데 있다는 인식에서 출발해야 한다. 공적목표가 뚜렷해야 될 뿐 아니라 기업이 지니고 있는 특성(유연성, 효율성)을 살려야 소기의 목

[그림 21] 공기업 경영에 있어 공공성과 기업성의 결합

		공공성	
		이점 공공이익의 추구	한계점 운영의 경직성 정치적 영향력
기업성	이점 효율적인 운영	Ⓐ	Ⓑ
	한계점 사적이익의 추구	Ⓒ	Ⓓ

표를 달성할 수 있다Ⓐ. 만일 설립 당시의 공적목표가 변하거나 뚜렷하지 못하면서 기업운영의 효율성을 살리지 못한다면 공기업으로서의 존재가치는 반감할 수밖에 없다Ⓓ. Ⓓ에 해당하는 상황이라면 즉각 개혁작업에 착수하는 것이 국민경제적 이익에 부합한다고 볼 수 있다. 이런 공기업이라면 즉각 민영화와 구조조정 등 공기업개혁의 대상이 되어야 한다.

기업성과 공공성의 이점과 한계점을 동시에 잉태하고 있는 공기업 Ⓑ·Ⓒ은 한계점을 극복할 수 있는 제한적 체제개편이 공기업개혁의 중심축을 이룬다고 할 수 있다. 즉 운영의 관료제적 경직성을 타파하기 위해 유연한 조직으로 전환하며 내부적 경쟁 시스템을 도입하는 노력Ⓑ이나 해당 공기업이 자체수입을 늘리기 위해 독점적 이윤을 확보하려는 행태를 배제하는 조치Ⓒ가 필요하다.

나. 자율적 책임경영 체제 확립

공공성과 기업성의 이점을 살리고, 한계점을 극복하기 위해서는 명실상부한 '자율적 책임경영 체제'를 확립하는 것이 개혁의 요체라

고 할 수 있다. 책임경영 체제가 확립되기 위해서는 무엇보다도 설립 주체인 정부와 정치권이 스스로 공기업의 자율성을 존중하는 정치·행정문화가 형성되어야 하고 이를 뒷받침하는 제도적 장치가 보강되어야 한다. 이러한 노력이 지속적으로 전개되지 않는 한 공기업은 정치·행정 권력의 영향을 받는 의사결정에서 탈퇴하기 어려워 공기업 스스로 설립목표에 따른 결정기준을 설정, 실행할 수 있는 공간이 협소하게 될 수밖에 없다. 정부가 정권의 목표에 따라 공기업을 하위 정책수단으로 빈번하게 활용하고, 이에 따르지 않으면 책임자를 문책하는 관행이 반복된다면 공기업의 자율성은 유지되기 어렵고 책임경영은 포장에 불과하게 된다는 점을 간과해서는 안 된다.

다. 장(長)의 임용 관행 쇄신

무엇보다도 기관에 적합한 유능한 인재가 장(長)에 신임될 수 있도록 선임 과정이 투명하고 정치적 영향력이 배제될 수 있는 장치를 마련해야 한다. 공기업의 장의 선임이 정치적 영향력에 좌우된다면 공기업은 정부의 정책선택에 손쉽게 순응할 수밖에 없고, 만일 순응하지 않을 경우 책임자가 교체된다면 공기업의 일관된 경영기조를 책임 있게 유지할 수 없음은 불 보듯 뻔하다. 이러한 상황을 타개하기 위해서는 정부·정치권 인사개입의 행태가 쇄신되어야 함은 물론이고 공기업 장의 선임, 임기보장, 연임의 개방 등에 관한 제반 절차를 법제화하는 작업이 긴요하다. 특히 대통령이 새로 취임하면 책임자가 임기를 채우지 못하고 도중하차하는 낙후된 인사관행이 근절되어야 한다.

라. 공기업에 대한 정부의 내부규제 개선

정부와 공기업 간에 존재하고 있는 내부규제를 개선하는 작업도 편의주의적 정부개입을 방지하고 공기업의 자율성을 증진하는 방안이다. 정부의 주무부처는 해당 공기업의 설립법령과 규칙, 관행을 통해 적극적인 개입수단을 갖고 있다. 명시적 개입수단 못지않게 지침, 협의 등을 통해 공기업을 실질적인 통제의 대상으로 여기는 경우가 많다. 이와 같은 개입은 물론 해당 공기업으로 하여금 정부의 정책목표를 실현하기 위한 수단이라는 정당화가 가능하지만, 빈번한 정부개입의 관행은 사실상 해당 공기업이 일관되고 책임 있는 설립목표의 지향을 제약할 수 있다는 점이 간과되어서는 안 된다.

'정부개입의 유용성'과 '개입으로 인한 자율성의 제약'을 비교하는 것은 어려운 작업임이 분명하지만, 정부개입의 조직적 관행은 득보다 실이 크다. 이런 점에서 정부부처의 공기업에 대한 관여의 기준을 설정하고 가급적 설립목표의 틀 속에서 매크로(macro)한 원칙을 마련하는 내부규제개혁이 이루어지는 것이 바람직하다. 다수의 공기업 종사자들이 주무부처의 개입과 간부들의 지침으로 인해 자율적 결정 영역이 협소하다는 불평을 지나쳐서는 안 된다. 정부출범 초기에 이루어지는 규제개혁작업이 정부·국민 간, 정부·기업 간에 한정하지 않고 공공부문 내부의 정부·공기업 간 효율적 분업체계가 형성될 수 있는 데도 초점이 맞추어져야 한다.

09
공기업의 체제개혁:
민영화

가. 민영화의 의미

공기업의 체제개편은 기관 통합, 기능 분리, 민영화, 구조조정, 지분 매각 등 다양한 내용을 포괄한다. 이 중에서 민영화는 공공부문 영역에서 벗어나 시장 영역으로 전환하는 전형적인 시스템개혁에 해당된다. 어떻게 보면, 시장에서 이루어져야 할 서비스가 여러 요인에 의해 정부가 떠맡았던 역할이 다시 시장으로 환원되는 진화 과정이라고 할 수 있다.

민영화는 정부보유 지분(보유 주식 또는 보유 자산)을 시장에 매각함으로써 소유와 경영을 시장으로 이관하는 것이다. 이러한 민영화는 정부의 지배력을 통해 일정한 정책목표를 공적 의사결정의 틀 속에서 달성할 필요가 더는 존재하지 않는다고 판단될 때 이루어진다. 당초 공기업의 설립목표가 달성되었다고 판단될 때, 설립목표가 정부의 통제보다는 시장의 경쟁 속에서 효과적으로 달성될 수 있다고 판단될 때, 지분을 시장에 개방함으로써 추가적 자본조달이 필요할 때, 그리고 공기업 체제의 운영방식을 통해서는 기본적인 재정 수지를 맞추기 어렵거나 과중한 재정부담을 안겨줄 때 공기업 소유구조의 전환이 이루어진다.

공기업의 설립목표가 달성되었거나, 공기업으로서의 존재가치가 더는 존재하지 않을 때는 공기업의 체제개편을 둘러싼 논란의 여지가 크지 않다. 그러나 기존 공기업 영역을 시장에 개방하거나 효율적 운영을 위해 경쟁 체제를 도입하는 민영화는 초기 의제설정단계부터 찬반양론이 치열하다. 어떤 공기업이 민영화 대상으로 거론되기 시작하면서 반대여론이 형성되기도 한다.

민영화의 필요성과 공기업 유지의 당위성 간의 객관적 분석과 합리적 토론을 통해 방향을 정립하기보다는 이념적 선입견과 숨은 이해관계를 중심으로 대립하는 양상이 노정되면 올바른 결론에 도달하기 어렵다. 이러한 대립양상은 최종 열쇠를 쥐고 있는 국회의 결정 과정에서 대립이 격화되어 무위로 끝날 수도 있고 대립의 간격이 좁혀져 원만한 결론에 이를 수도 있다.

민영화 문제를 재정정책의 관점에서 다룰 필요가 있는 이유는 민영화가 실현되면 기존 재정으로부터의 출자·증자·보조금 등 재원이전이 더는 존재하지 않을 뿐 아니라 정부보유주식 등 정부자산에 대한 매각수입이 재정수입으로 계상되기 때문이다. 반면 민영화 대상기업이 그대로 공기업으로 존치하게 되면, 기존의 공기업·재정 간의 재원 전입·진출 시스템이 그대로 가동하게 된다.

나. 민영화를 둘러싼 대립의 근원

A. 공공이익의 본질: 정부에 대한 신뢰? 시장에 대한 신뢰?

공기업의 민영화를 둘러싼 찬반 의견의 대립은 '공공이익을 실현함에 있어 어떤 가치에 중점을 두느냐'에 그 뿌리를 찾을 수 있다. '공공이익'을 어떻게 정의할 것이냐에서 출발하여 이를 실현함에 있어 기존의 '정부에 대한 신뢰'를 유지할 것인가, 아니면 정부를 대체하는 '시장에 대한 신뢰'를 새롭게 중시할 것인가에 따라 민영화를 바라보는 시각이 다양하게 전개된다.

a. 반대론자들의 우려와 오류 가능성

민영화 반대론자들은 공적 시스템에 기초한 공기업 서비스가 시장기구에 의한 자원배분 영역으로 전환됨으로써 그동안 추구해왔던 공공이익이 훼손된다는 논리를 펼치고 있다. 이러한 논리의 이면에는 개방·경쟁에 대한 불확실성과 두려움이 깔려 있다. 민영화→효율성 강조→개방·경쟁조건의 조성→조직구성원의 긴장감 초래와 경쟁력 중시로 이어지는 민영화 기업의 경로(track)가 공공이익을 훼손하면서 사기업의 이윤동기에 경도될 수 있다고 우려한다.

그러나 이러한 우려가 간과하고 있는 오류가 존재할 수 있다는 점을 인식해야 한다. 공기업이 관료지배와 정치적 영향력에 좌우되어 비효율이 누적, 공기업의 부실과 이로 인한 과중한 재정부담, 더 나아가서 서비스요금의 상승으로 나타난다면 공기업 운영이 공공이익을 보장한다는 확신을 가질 수 없다. 이처럼 정부가 지배·운영의 주체가 되면 공공이익이 보장되고, 이윤동기를 가진 민간이 주체가 되면 공공이익이 훼손된다는 입장은 일반화하기 어렵다.

b. 효율성 향상의 공공이익 창출 기여 가능성

민영화에 대한 우려의 출발점에는 이와 같이 '공공이익과 효율성'에 대한 일방적 해석이 자리 잡고 있다. 정부가 소유·운영의 주체가 되면 효율성을 주된 기준으로 삼지 않는 상태에서 공공이익의 창출이 쉽게 보장된다는 것이다. 이 주장은 국민이 필요로 하는 보편적 서비스를 안정적으로, 그리고 상대적으로 저렴한 가격으로 제공할 때 공공이익이 창출된다는 점을 간과한 것이다. 아울러 공기업이 공공이익을 창출하는 과정에서 정부의 재정지원이 필수적이었다면, 국민의 세금이 공공이익 창출의 뿌리가 되었다는 점을 이해해야 한다. 이럴 경우 운영의 효율을 통해 국민부담을 줄일 수 있는 방안은 공공이익 창출에 기여할 수 있다는 시각도 함께 존중되어야 한다. 기존 공기업의 유지를 위한 공공재원의 지속적 투입은 민영화에 의거한 효율성 향상이 가져올 국민부담 경감과 상쇄(trade off) 관계에 있다는 점에서 두 대안 중 어느 하나가 절대적 우위를 지닌 것이라고 말할 수 없고, 정치적 선택의 문제로 볼 수 있다.

따라서 공적목표를 이루는 과정에서 효율성이 보장될수록 공공이익의 창출이 증대될 수 있다는 가능성을 배제해서는 안 된다. 민영화가 실현되지 않더라도 공적목표 달성을 위해서라면 효율성이라는 수단적 가치는 강조해도 지나침이 없다고 할 수 있다.

B. 이해관계와 정치적 이익의 개입

민영화에 대한 우려의 이면에는 이론적 이의제기 못지않게 민영화로 인한 기존이익의 침해 가능성을 방어하려는 힘이 존재한다. 노동조합을 포함한 공기업 구성원들은 민영화가 되면 시장의 경쟁원리가 중시됨으로써 구조조정과 치열한 내부경쟁에 직면한다는 불안감에서 벗어나기 어렵다. 이러한 불안감과 함께 민영화가 서비스의 가격 상승으로 귀결될 것이라는 일방적 전망을 통해 반대여론 형성을 주도하는 경향도 부인할 수 없다.

정부조직 내부에서조차 해당 공기업을 관장하는 주무부처는 민영화됨으로써 정책수단을 잃게 되고 관료 프리미엄이 개입할 여지가 없다는 점에서 암묵적 반대 입장이 잠복될 수 있다. 종종 민영화 총괄부서(예: 기획재정부)와 해당 주무부처 간 민영화의 정책론적 당위성을 둘러싼 논쟁을 목격할 수 있다.

민영화에 대한 이론적 우려와 관련 이해관계자의 불안은 정치적 의사결정 과정에서 증폭되는 경향이 뚜렷하다. 야권을 중심으로 한 정치권은 민영화에 대한 일부의 비판적 시각을 민영화 반대의 명분으로 삼아 최종결정을 미루거나 반대할 수 있다. 공기업의 민영화는 반드시 '법률 개정'이라는 정치 과정을 거쳐야 한다는 점에서 국회가 사실상 최종결정의 책임을 안고 있다. 그동안의 정치 과정에 비추어, 진보성향을 가진 정당은 민영화가 지향하는 시장기조로의 전환을 뚜렷이 반대하는 반면 보수정당은 공기업의 개방과 경쟁여건 조

[표 26] 공기업 민영화에 대한 찬반 입장의 비교

구분	민영화 옹호론	민영화 반대론
정부의 역할	효율적 정부론	적극적 정부론
주장의 출발점	공기업의 경직성과 비효율	시장화가 초래하는 공적 가치의 손상
공공이익의 창출과 보장	효율화→공공이익의 창출 (사후적 성과)	정부의 재정지원→공공이익의 보장(사전적 보장)
신뢰의 기준	개방·경쟁에 대한 신뢰	공적 지배·운영에 대한 신뢰
지지그룹	경제단체, 중앙 재정총괄부서, 일부 서비스 이용자	피고용 단체, 관련 공공조직, 진보적 지식인
최종 존립의 보장	독자적 경쟁력	정부와 재정

성이 궁극적으로 경쟁력 향상에 유리하다는 입장을 펼쳐왔다.

다. 판단의 기준: 공공이익 실현방식에 대한 객관적 검증과 정치적 공감대 형성

A. 민영화 필요성에 대한 객관적 검증

특정 공기업을 민영화할 것인지에 대한 정부의 입장을 확정하기에 앞서 해당 공기업의 민영화가 국민경제적 입장에서 바람직한지에 대한 객관적 검증 노력이 선행되어야 한다. 현행 공기업을 경쟁과 개방의 구도로 전환하는 것이 공공이익의 실현에 기여한다는 명백한 논리를 제시하면서 민영화로의 체제전환에 대한 우려와 불안을 불식하는 노력이 병행되어야 한다.

민영화 찬반논쟁 과정에서 일방적 정보와 선입견으로 인해 판단기준과 체제전환 결과에 대한 해석이 왜곡되어서는 안 된다. 이 과정에서 객관적 사실(fact)과 주관적 입장(positioning)이 혼재되어서는 안 되고, 분명히 구분되어야 한다. 공적지배와 운영에 따른 기존 공기업의 비효율성과 서비스의 부실화가 방치된다는 점, 민영화가 효율화로 직결됨에 따라 재정부담이 감소할 수 있다는 점에 대해 객관적 확인이 필요하다. 아울러 민영화가 진행되면 정부의 법적·재정적 보장을 기대할 수 없어, 구성원들의 미래에 대한 불안감을 잠재우기 어렵다는 사실 역시 고려되어야 할 요소의 하나이다. 이와 같은 객관적 사실의 확인단계에서 정치적·이념적 목표와 관련 당사자들의 이해관계가 지나치게 개입된다면 바람직한 정책포지션을 정립하는 과정이 어려워지게 된다.

B. 반대그룹의 이해관계 조정과 정치적 공감대 형성

'공기업의 유지'냐 아니면 '시장중심의 체제전환'이냐의 선택은 민영화(안)에 대한 객관적 검증과 평가를 토대로 정치이념에 따라 좌우될 수 있는 정치적 결정의 영역이다. 설령 민영화로 인한 국민경제적 성과 향상에 대해 객관적으로 확인했다 하더라도, 반드시 민영화로의 최종결정으로 귀착되는 것은 아니라는 점에 유념해야 한다. 민영화 구상이 합리성을 기준으로 출발되었다고 해도 그러한 구상이 제도화 단계로 나아가기 위해서는 정치적 지지와 법령개정 과정을 거쳐야 하는데 이 과정에서 합리성 이외의 다른 기준이 중시될 수 있다는 사실을 간과해서는 안 된다.

'효율성 증대'라는 판단기준보다 공기업을 통한 서비스가 가져다주는 공적신뢰가 더욱 중시되어야 한다는 가치판단이 정치적 선택

과정에서 우위를 점한다면 민영화는 일단 유보될 수밖에 없다. 그러나 민영화를 통한 경쟁과 개방이 공기업의 효율성을 향상시키고 궁극적으로 공공이익의 창출에 기여해야 한다는 정치적 선택이 이루어진다면 민영화에 따른 당사자들의 반대를 극복하는 노력에 민영화 정책수립의 초점을 맞추어야 한다.

이러한 논의에는 우리나라 국민들이 품고 있는 공적 서비스에 대한 이중적 잣대를 무시할 수 없다. 정부가 공급의 주체가 되는 공적 서비스의 품질과 비효율에 대해서는 비판을 감추지 않으면서, 이러한 비판을 수용하기 위한 일환으로 공적 서비스를 시장주도형으로 전환하는 개혁에 대해서는 유보적 입장을 배제하지 않는 경향이 있기 때문이다. 상당수 국민의 내면에는 국민편익 서비스가 정부 주도로 이루어지면 최소한도의 보장이 가능하고 공익목표 달성이 용이하다고 생각하는 '정부에 대한 공적신뢰'의 국민의식이 자리 잡고 있다.

이러한 국민의식을 존중해야 하는 대의기구는 민영화의 근거가 존재하더라도 손쉽게 긍정적 결론을 내리기 어렵고, 이해당사자의 불만을 반대의 명분으로 삼을 여지가 높다. 특히 야당의 경우 정부가 주도하는 민영화안을 섣불리 지지함으로써 반대여론을 반영하지 못했다는 정치적 비판에서 자유로울 수 없기 때문이다.

이러한 정치적 환경을 감안할 때, 민영화 결정의 핵심은 반대자들의 반대논리를 완화할 수 있는 적극적 소통 못지않게 이해당사자들의 불안감(구조조정, 정리해고, 가격상승 우려 등)을 해소하는 보완대책의 제시를 통해 최소한의 공감대를 형성하는 작업이라고 말할 수 있다.

　민영화가 추진되면 기업의 경쟁력을 향상시키기 위해 일정 수준의 구조조정이 불가피하다. 다만 구조조정 과정에서 기존 직원의 고용보장을 다짐하는 장치를 마련한다면 체제개편의 공감대를 넓힐수 있다. 더 나아가서 민영화되는 기업이 재무적 측면에서 위기 상황을 맞이할 때, 재정지원을 통한 '긴급개입'의 제도적 통로를 유지하는 방안도 검토할 가치가 있다. 민영화를 원활하게 진행하는 데기여할 수 있는 이러한 대처 방안은 민영기업으로 전환된 이후에도국민경제적 역할의 지속을 가능하게 한다는 점에서 최후의 '보장 시스템'으로서 의미를 부여할 수 있다.

10

일본 우정 민영화
성공사례[26]

가. 불가사의한 우정사업개혁에의 도전

21세기 들어서 지구상에서 가장 성공한 최대규모의 공공부문개혁 사례로 일본의 우정사업 민영화를 들어도 이의를 제기할 사람은 없을 듯하다. 1867년에 출범한 일본 우정사업(전에는 우정성, 2000년대는 총무성 관장)은 140년 이상의 유구한 전통을 자랑하면서 '불가사의한 조직'으로 군림해왔다. 우편사업, 은행사업, 보험사업을 함께 관장하는 일본 우정공사가 보유한 자산은 예측을 불허할 정도의 거

---

26 오연천, 『결정의 미학』, 21세기북스, 2016, pp.249~256.
   이 글은 한국경제연구원에서 번역하고 발행한 「구조 개혁의 진실-일본 정부개혁의 숨은 뒷이야기」(다케나카 헤이조 지음, 2008) '제3장 우정 민영화의 진실'을 참고해 작성한 것이다.

대규모다. 2000년대 초 기준, 직원 규모가 38만 명(비정규직 포함), 보유 자산 370조 엔에 이르는 우정공사는 저축부문 하나만도 일본 최대 은행인 미쯔비시은행의 2배를 넘는다. 보험부문은 일본 최대 민간보험사 일본생명의 2배에 달할 정도로 일본 경제에 미치는 영향은 지대하다.

고이즈미 준이치로(小泉純一郎) 내각이 들어서기 전까지만 해도 감히 우정사업의 민영화를 주창하는 유력 정치인이 없을 정도로 정치적 보호와 관료 지배의 대명사다. 그 우정사업을 개혁 착수 4년 만에 메이지 유신 이래 최대개혁이라고 지칭될 정도의 개혁을 이룩한 동력원이 무엇이었는지 공공부문 연구자로서 호기심을 떨치기가 어려웠다. 일본의 우정사업 민영화 성공사례는 새 정부 출범 때마다 공공부문개혁을 외치는 우리나라에도 소중한 시사점이 될 수 있다.

나. 고이즈미 내각의 명확한 개혁 비전과 의지

2001년, 고이즈미 내각의 출범은 일본 정치사에서는 예사로운 일이 아니었다. 1990년대 10년 이상 지속되어온 일본경제의 만성적 정체 분위기를 타파해야 한다는 사회 분위기는 정치적 이변을 낳았다. 다름 아닌 고이즈미 총리의 등장이다. 고이즈미 총리는 재정지출 확대를 통한 총수요관리가 주축을 이루는 일본정부의 전통적 경제정책에서 탈피해 경제주체의 과감한 체질 개선에 초점을 맞춘 구조개혁의 칼을 꺼내들었다. 전임 총리 시절에도 구조개혁을 해야 한다고 논의해왔지만, 실천 의지는 두드러지지 않았다. 구조개혁을 외치기는 쉽지만, 기득권과 반대 세력 앞에는 항상 무력할 수밖에 없었다. 일본 사회의 정(政), 관(官), 업(業)의 암묵적 유착 앞에 구조 개혁의 칼을 서서히 집어넣는 양상이었다.

그러나 고이즈미 내각은 구조개혁을 통한 일본경제 활력을 되살리고 과도한 재정지출로 야기된 재정 적자누적을 해소하는 데 정권의 명운을 걸었다. 고이즈미 내각의 이 정책기조는 초기에 정치적 실험에 그칠 것이라는 정치권의 평가절하 관망을 무색하게 했다. 무려 5년 5개월간 집권했다. 이 장기 집권은 역설적으로 말해 기득권을 옹호하는 정치권과 관료기구의 철옹성을 흔들면서 몇 개의 핵심개혁을 완성시켜 가능했다.

성공한 핵심개혁 가운데 하나가 바로 우정개혁이다. 고이즈미 총리의 우정개혁에 대한 의지는 다케나카 헤이조(竹中平藏) 게이오(慶應) 대학교수를 총리 재임 기간 내내 내각의 경제재정 장관, 금융 장관, 우정 민영화 담당 장관, 총무 장관에 이례적으로 기용한 인사에서 엿볼 수 있다. 다케나카 장관은 시대적 소명을 완수한 후 고이즈미 내각 퇴진과 함께 대학교수로 돌아갔다.

다. 총리 직할의 우정개혁과 다케나카 교수의 기용: 총무성과 우정공사를 배제하다

불가능할 것으로 보였던 일본 우정개혁이 성공한 요인은 고이즈미 총리의 일관된 개혁철학과 그 개혁철학을 이끌어갈 구심점에 대한 무한 신뢰에 있다. 고이즈미 총리는 우정개혁을 우정사업을 관장

316

하는 총무성(옛 우정성)에 맡기면 개혁의 결실을 얻을 수 없다고 확신해, 총리실 직속의 '경제재정자문회의'로 하여금 개혁의 골격을 만들도록 했다. 고이즈미 총리는 우정개혁을 진행할 때 최대의 적은 바로 총무성과 우정공사라고 판단해 자신의 개혁철학을 이행할 수 있는 별도 시스템이 주도권을 쥐도록 했다. 그 시스템을 이끌 사람으로 다케나카 교수를 지목했다. 다케나카 교수에게 장관 모자를 씌워준 것도 우정 민영화를 실현하라는 메시지였다.

일본 우정개혁의 성공 요인의 첫 단추는 초기 개혁안 마련 과정에서 당사자인 총무성과 우정공사를 배제한 데서 끼워졌다. 고이즈미 정부는 당사자에게 개혁안을 마련토록 하는 통상적인 개혁 출발점에서 과감히 탈피해, 우정사업의 기존 이익과 무관하며 일본판 공룡 우정사업을 개혁해야 한다는 견고한 입장을 가진 개혁 선구자들에게 전담시켰다.

라. 우정개혁 불변의 기준을 천명하다

고이즈미 총리의 개혁 전도사로 자임한 다케나카 장관은 2003년 5월 총리 직속의 경제재정자문회의를 통해 우정사업을 개혁할 때 고려해야 할 기본 원칙으로 다케나카 5원칙을 세웠다.

첫째, 일본사회를 활성화시켜야 한다는 '활성화' 원칙. 둘째, 금융개혁과 재정개혁이 조화로워야 한다는 '정합성' 원칙. 셋째, 이용자 입장에서 편의성을 증대해야 한다는 '편리성' 원칙. 넷째, 기존의 거대 인적·물적 네트워크의 효율성을 증대해야 한다는 '자원 활용의 원칙'. 다섯째, 일본 우정공사 직원에 대한 고용을 보장해야 한다는 '고용 배려의 원칙'.

이 내용은 개혁을 논의할 때 수없는 쟁점을 한 방향으로 정리하고 단순화하는 데 금과옥조로 활용되었다.

다케나카 장관이 내세운 5원칙 기조 아래 민영화를 추진하는 방법론적 접근 구도로 3가지를 내세워 '경제재정자문회의'의 동의를 얻어냈다.

첫째, 우정사업을 구성하는 우편·은행·보험분야는 각기 자립해야 한다. 둘째, 민간기업과 동일한 법적 규제를 받아야 한다. 셋째, 경영의 자율성을 확립해야 한다.

이 3가지를 천명했고 총리의 재가를 받았다. 이 3가지 핵심과제는 민영화의 기본 정신을 철저히 반영해 개혁에 임하겠다는 의지로 해석할 수 있다.

다케나카 장관은 5대 원칙, 3대 핵심과제를 도출하면서 8개월간 경제재정자문회의에서 18회(2004)에 달하는 논의를 거쳤다. 가장 어려웠던 일은 개혁의 당사자인 총무처 장관과 우정공사 총재를 설득하는 일이다. 같은 자민당 소속이지만 민영화 방법론에 대해 입장이 다른 두 사람을 설득하는 데는 고이즈미 총리의 전폭 지원과 다케나카 장관의 혼신적 노력이 투입되었다. 만일 고이즈미 총리의 다케나카 장관에 대한 지속적인 신임이 없었다면 우정 민영화 계획은 여당의 반발로 좌초 위기에 직면할 수도 있었다. 당내 중견 그룹의 격렬한 반대에 고이즈미 총리는 미동도 하지 않았다. 내각책임제 국가인 일본에서 다수당 의원에 의해 선출되는 총리가 이같이 내부의 정치적 반대를 외면하는 것은 전례 없는 일이다. 아마도 고이즈미 총리만이 해낼 수 있는 일일 것이다. 개혁 추진 과정에서 정치적 이해를 전혀 고려하지 않는 고이즈미 총리의 탈정치적 태도가 역설적으로 말해 그의 정치적 자산이라고 볼 수 있다.

마. 다케나카 장관의 참의원 압승과 우정 민영화법 의회 통과

고이즈미 총리는 우정개혁의 전도사 다케나카 장관에게 참의원 출마를 요청했다. 아마도 다케나카 장관에 대한 유권자들의 표심을 통해 우정개혁의 당위성을 확인하고자 한 시도일 것이다.

2004년 7월, 참의원 선거에서 다케나카 장관은 민영화를 비판하는 자민당 의원 두 후보를 제치고 압도적 1위로 당선되었다. 다케나카 장관의 참의원 압승은 우정사업 민영화에 대한 국민적 지지를 확인하는 작업이다. 다케나카 장관의 압승을 통해 우정사업 민영화에 대한 국민적 지지가 확인된 만큼, 이제는 공식적인 법률 개정 작업으로 진전되는 순간을 맞게 된 것이다.

2004년 9월, 이 정치적 승리를 통해 '우정 민영화의 기본방향'을 각료회의에서 의결했다. 곧이어 다케나카 장관은 우정 민영화 담당 장관에 임용됨으로써 본격적으로 민영화를 실행하는 주무장관의 책임을 맡았다. 다케나카 장관은 '우정 TV 캠페인'을 위해 전국 21개 지역을 순회하면서 민영화 개념에 생소한 국민을 설득하는 작업에 매진했다.

우정 민영화법이 중의원에 제출되었고 소관위원회에서 다케나카 우정 민영화 담당 장관에 대한 질의 시간 총 109시간, 답변 횟수 850회로 일본 의회사상 최고 기록을 갱신했다. 우정 민영화 법안은 일본 국회에서 여야간 치열한 공방을 거친 후 2005년 10월 5일 통과되었다. 2003년 6월, 우정 민영화 논의를 시작한 지 2년 5개월 만에 민영화 개혁이 일본 정부의 정책으로 자리 잡게 되었다.

바. 우리나라 공기업개혁이 배워야 할 점

우리나라의 과거 공기업개혁이 새 정부 출범 1년 내에 마무리했던 사례는 3~4년이 걸린 일본 우정 민영화 사례와 좋은 대조를 보인다. 개혁안의 기본 원칙과 핵심과제를 도출하고 광범위한 공감대를 형성하는 데도 상당 기간이 걸린다는 점을 고려한다면 우리나라의 공기업개혁은 임기 초에 개혁성과를 내려는 성급함에서 벗어나지 못했음을 반증하는 것이기도 하다. 촉박한 일정 속에서 개혁 의지에 부합하는 충실한 개혁안이 만들어지기 어려울 뿐 아니라 정치권과 여론의 공감대를 형성하는데 턱없이 부족한 기간이기 때문이다. 일본 국회가 우정 민영화법을 심의할 때 해당 위원회에서 100시간이 넘는 질의 시간과 900회에 가까운 답변 횟수를 기록했다는 사실은 국민적 관심이 쏟아지는 주요 안건에 국회가 얼마나 성실하게 심의에 임해야 하는지를 보여주는 사례다.

일본은 우정개혁을 추진할 때 당사자인 총무성과 우정공사를 철저히 배제했다. 이유인즉, 개혁 대상이 되는 기관이 진정한 개혁안을 스스로 마련하고 이를 집행하는 것은 불가능하다고 본 것이다.

우리나라 건설교통부가 자신이 관할하는 토지공사와 주택공사의 통합안을 소신껏 밀어붙이기 어렵기에 기획재정부가 그 역할을 맡았던 것과 같은 맥락이다. 만일 금융개혁을 금융감독위원회와 기획재정부가 주도한다면 그들의 시각과 이해로부터 자유로운 개혁안이 도출될 수 있을지 반문해보고 싶다. 이런 점에서 일본 사례는 우리나라의 공공부문개혁에 있어 개혁 대상 기관의 관할 주무부처가 주도하는 방식에서 벗어나야 할 필요성을 암시해준다.

그림색인

표색인

참고문헌

강신택, 「재정 기능의 재조정과 행정 기능 관료제도의 개편방향 연구」, 한국경제연구원, 1982.

곽채기 외, 「저출산 고령화 시대의 지방재정」, 한국지방재정공제회, 2016.

국회예산정책처, 「2015 대한민국 재정」, 2015.

국회예산정책처, 「대한민국 재정 2016」, 2016.

기획재정부, 「2017년 예산안」, 2016.

나성린·전영섭, 「공공경제학」, 학현사, 1995.

사공일, Leroy P. Jones, 「경제개발과 정부 및 기업가의 역할: 한국경제의 근대화 과정연구」, KDI 연구총서, KDI, 1981.

오연천 외, 「재정과 경제복지」, 박영사, 1989.

오연천, 「결정의 미학」, 21세기북스, 2016.

오연천, 「세입론」(강의자료).

오연천, 「한국조세론」, 박영사, 1992.

오연천, 「한국지방재정론」, 박영사, 1987.

오연천, 재정수지(적자)계리의 접근방식과 재정수지관리방향, 「행정논총」, 24(2), 1986.

최광, 「개인소득세제의 문제점과 개편방안」, 국가예산과 정책목표, KDI, 1983.

한국은행 보도자료, 「2016년 공공부문계정(잠정)」.

한국조세연구원·재경회, 「한국의 재정 60년」, 매일경제신문사, 2011.

행정자치부, 「2017년도 지방자치단체 통합재정 개요 (상)」, 2017.

Anthony Downs, *An Economic Theory of Democracy*, New York: Harper & Row, 1956.

Arthur Laffer, *The Laffer Curve: Past, Present, and Future*, Backgrounder published by The Heritage Foundation, 2004.

Charles Tiebout, 'A Pure Theory of Local Expenditures', Journal of Political Economy, 1956.

Gordon Tullock, *The Vote Motive*, The Institute of Economic Affairs, 1976.

James M. Buchanan & Marilyn R. Flowers, *The Public Finance*(6th. ed.), IRWIN, 1987.

John K. Galbraith, *The Affluent Society*, Houghton Mifflin, 1958.

John Rawls, *A Theory of Justice*, Harvard University Press, 1971.

Jürgen Georg Backhaus and Richard E. Wagner, *Handbook of Public Finance*, Kluwer Academic Publishers, 2004.

Milton Friedman, *The Role of Government in a Free Society* in Edmund S. Phelps(ed.), Private Wants and Public Needs, Revised Ed., W. W. Norton & Company, Inc., 1965.

R. Musgrave and P. Musgrave, *Public Finance in Theory and Practice*(2nd ed.), McGraw-Hill, 1976.

Richard W. Tresch, 최광 외 옮김, 『공공경제학』, 박영사, 2010.

Robert H. Haveman, *The Economics of the Public Sector*, John Wiley & Sons, Inc., 1976.

Wallace E. Oates, *Fiscal Federalism*, Harcourt Brace, 1972.

KI신서 7125

국가재정의 정치경제학

1판 1쇄 인쇄 2017년 8월 18일
1판 1쇄 발행 2017년 8월 25일

지은이 오연천
펴낸이 김영곤
펴낸곳 (주)북이십일 21세기북스
인문기획팀장 정지은 **책임편집** 장보라
디자인 제이알컴
출판사업본부장 신승철
출판영업팀 이경희 이은혜 권오권 홍태형
출판마케팅팀 김홍선 최성환 배상현 신혜진 박수미 김선영 나은경
홍보기획팀 이혜연 최수아 김미임 박혜림 문소라 전효은 백세희 김솔이
제작팀 이영민

출판등록 2000년 5월 6일 제406-2003-061호
주소 (10881) 경기도 파주시 회동길 201(문발동)
대표전화 031-955-2100 **팩스** 031-955-2151 **이메일** book21@book21.co.kr
페이스북 facebook.com/21cbooks **블로그** b.book21.com
인스타그램 instagram.com/21cbooks **홈페이지** www.book21.com

ⓒ 오연천, 2017

ISBN 978-89-509-7172-4 03320